启真馆 出品

守书人
PHILOBIBLON

叶锦鸿 —— 著

消失的图书馆

浙江大学出版社
ZHEJIANG UNIVERSITY PRESS

自 序

如果说图书是人类文明的记录，那么图书馆就是这些记录的归宿。每一座图书馆，无论公共的还是私人的，背后都是一个个书与人的故事。图书馆是一个见证时代变迁的巨人。通过书籍，知识得以传播，文化得以承传。如果书籍被大量毁坏的话，知识的宝殿也将永远消失于世上。

在半个世纪前，南美委内瑞拉一座无人听闻的小镇圣费利克斯（San Félix）上，有一位少年由于家庭生活困苦，父母把他送到在当地图书馆担任秘书的亲戚的工作间。这个男孩每天在图书馆饱读书架上的著作，由文学到艺术，从历史至小说，因而忘了"饥饿和痛苦"。但是有一天，卡罗尼河淹没村庄，摧毁了所有的书，这段少年与文学的邂逅结束了。"这是怎么回事？"男孩说，"我发现自己没有避难所，而且我在童年阅读时期这段时光，完全被洪水摧毁了。"这位少年长大后成为亚历山大图书馆研究院及亚里士多德翻译专家，他的名字是费尔南多·巴兹（Fernando Baez）。他因这段童年往事的启发，投入了 12 年的精力，写成博士论文，也就是《世界书籍毁灭的历史》一书。

我曾经营的书店虽然没有因为洪水而被摧毁，但我在拜访世界各地图书馆的旅行中，从爱书人、守书人及藏书人的角度，深切体会到保护书籍的重要性和迫切性。很不幸，古今中外的图书受到了不同程度的威胁，包括自然的和人为的因素。自然因素指地震、水灾、风灾等灾害，而人为因素往往涉及政治、经济、文化等。

就以过去一个半世纪的历史为例，1910—1945 年两次世界大战前后的欧洲和亚洲、1950—1980 年的中南半岛、1998 年的阿富汗、2003 年的伊拉克、2013 年的叙利亚，分别经历了人类历史上最严重的政治和军事冲突，数十万册图书及大量图书馆被战火摧毁。即使在今天，仍有不少书，特别是一些珍贵的书，继续被无情的炮火破坏及掠夺。在这些灾难中，守书人展开了一场又一场文物保卫战，拯救了一本又一本图书及文献免于战火摧毁。

如果我们漠视这一现象，不及时拯救和保藏这些古籍，恐怕我们的下一代将会和这些书永别。因此图书馆若要保持活力，就要像生物一样呼吸、生长、扩大。图书馆不仅要在规模或数量上变得更大，还要在社会中更积极地扮演文化传播的角色。

这本书中的文章，组成了世界各地十多个消失的图书馆的拼图。最近 10 年，我延续着曾经作为书店店长的身份，通过阅读和旅行，关注被毁灭的图书馆及图书的故事。积存得多了，便想着与同道分享。于是，在终生以爱书、编书、写书、藏书为职志的编辑吴兴文老师和启真馆周红聪编辑的鞭策下，本书终于在启真馆创办 10 周年之际写成。

另外，感谢以下机构提供图片并准许印制，它们是巴黎美国图书馆、大英图书馆、柏林国家图书馆、巴伐利亚国家图书馆、鲁汶天主教大学图书馆、佛罗伦萨国家中央图书馆、圣保罗大教堂图书馆、乌普萨拉大学图书馆、瑞典皇家图书馆、西班牙皇家学院图书馆、伽利略博物馆、英国公共档案馆（Public Record Office）和联合国教科文组织的世界记忆名录机构。

最后，香港大学图书馆特别馆藏室和汉堡大学图书馆特别馆藏室的员工们提出了宝贵的意见，对本人了解修复藏书的技术有所裨益。

2018 年 9 月于香港大学冯平山图书馆

目　录

第一章　战利品的殿堂：17世纪的瑞典大学图书馆

瑞典历史上最杰出的国王，"现代战争之父"古斯塔夫二世·阿道夫（Gustavus II Adolphus），在三十年战争时期（1618—1648），战胜了神圣罗马帝国和天主教国家组成的联军，特别是两场著名的战役：1631年的布莱登菲尔德会战和1632年的吕岑会

瑞典国王
古斯塔夫二世

战。从此，瑞典确立起欧洲强国的地位。与此同时，瑞典更以文化提升其大国地位。国王将瑞典一批包括中世纪时期瓦斯特纳修道院（Vadstena Abbey）和国王约翰三世（John Ⅲ）的私人收藏图籍与手稿共计5000本，捐赠给乌普萨拉大学（Uppsala University）图书馆。这些收藏包括早期印刷本、手稿、图片、地图和乐谱等，它们现已成为瑞典文化

19 世纪的乌普萨拉大学
图书馆 a

19 世纪的乌普萨拉大学
图书馆 b

遗产的重要部分。18 世纪至 19 世纪是该馆的发展期，此时藏品数量的增加全赖瑞典文人的捐赠与馆方谨慎的采购，发展至今该馆馆藏量已有 23 万册的规模。

现在的乌普萨拉大学图书馆 a（由乌普萨拉大学图书馆提供）

现在的乌普萨拉大学图书馆 b（由乌普萨拉大学图书馆提供）

海外争战扩充图书馆馆藏

瑞典从海外争战中获得的战利品，令乌普萨拉大学图书馆的馆藏量持续增长。这个崛起的北欧帝国南征北伐，侵略了多个邻国，并掠夺了很多文化收藏品，包括一大批从波兰耶稣会大学图书馆获得的宗教文献。其后数十年，从德国、丹麦和波希米亚等地抢夺的图书也加入了馆藏。在今天看来，这种行为当然是违反国际法的，但在17世纪，这是一种司空见惯的行为。

在瑞典历史学者的论述中，这个年代被称为伟大时代（The Era of Greatness）。在课堂上，瑞典学生听到的是他们的祖先如何在军事上取得一场又一场的胜利。但是，他们也认识到文化强国的重要性，而当时瑞典缺乏这方面的积累，包括书籍、大学、学者和艺术家。正如国王古斯塔夫二世·阿道夫设想的那样，国家图书馆将成为国家力量的象征，成为欧洲保存国家印刷出版物和优秀文学作品档案的"最优秀皇家图书馆"，新图书馆的目的是成为欧洲所有书籍和手稿的存储库。

掠夺波兰耶稣会布拉涅沃图书馆

17世纪，瑞典对波罗的海、德国、波兰，甚至南波希米亚的战争，是一场又一场军事大探险，不仅带来巨大的物质财富，还带来丰厚的文化财富。对于国王古斯塔夫二世·阿道夫来说，掠夺耶稣会图书馆特别是布拉涅沃图书馆具有重大的象征意义。在那个时期建立的乌普萨拉大学图书馆，大部分馆藏书籍都是瑞典士兵在欧洲掠夺来的。

自16世纪中叶以来，耶稣会学院以瑞典为目标成为反宗教改革的中心。由于瑞典当时是支持新教最前线的帝国，因此耶稣会及其下属修道院的图书馆，包括波兰、德国和捷克的图书馆，成为被掠夺的目标。这种对书籍的掠夺是有双重目的的：

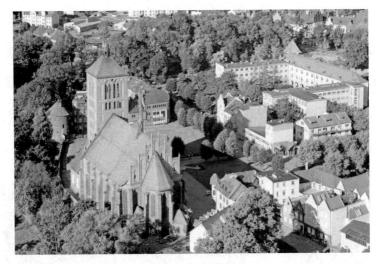

布拉涅沃图书馆

首先，通过掠夺这些具有政治权威的书籍及文献，摧毁天主教反制派运动的力量；其次，收藏优秀的书籍以丰富瑞典文化学术机构的馆藏（如乌普萨拉大学和瑞典皇家图书馆），来提高其国际文化地位。

自 17 世纪，瑞典和波兰一直处于战争状态。波兰皇帝西吉斯蒙德声称拥有瑞典皇位，因此两国发生冲突。战争使波兰变成一个文化沙漠。但对于瑞典而言，这是一个美好的时代，这时，瑞典成为欧洲的新力量，瑞典军队利用这些战利品丰富了祖国的藏书。

收藏于波兰布拉涅沃耶稣会学院和弗龙堡（Frombork）图

书馆的书籍，在 1626 年很快就作为战利品被送到当时成立的乌普萨拉大学图书馆。其中，瑞典人带走了 16 世纪著名天文学家尼古拉·哥白尼（Nicholas Copernicus）藏于大教堂图书馆内的书籍，包括早期版本的《天体运行论》（*De revolutionibus orbium coelestium*）。

尼古拉·哥白尼　　　　　　《天体运行论》书页

2008 年，瑞典乌普萨拉大学的科学家确认，在大学图书馆的一本书中发现两束毛发，与 2005 年弗龙堡天主教堂发现的骸骨进行基因比对后，其基因组序列相同。这本书由斯图弗勒（Johannes Stoeffler）在 1518 年出版，且由哥白尼持有多年。

1635 年，瑞典和波兰在斯图姆斯多夫签订停战和平条约。然而，1655 年，瑞典国王卡尔十世·古斯塔夫再次攻打波兰，波兹南大学和修道院的重要藏书再次成为瑞典军队的战利品。根据历史资料记载，在接下来的 5 年，瑞典入侵者大规模掠夺了波兰的 188 座城镇。瑞典人夺走了藏在 81 座城堡和 136 间教堂内的数千件文化瑰宝。此后，这些瑰宝再未返回波兰。仅从华沙皇家城堡中，瑞典军队掠夺走的财产就极为惊人，包括大约 2000 幅画作、大量的地毯和土耳其帐篷。此外，还有乐器、家具、青铜雕塑、中国瓷器、武器、纺织品，以及书籍和珍贵的手稿。

当这些他国图书馆的藏书被送到瑞典后，国王没有烧掉这批宝贵的书籍，而是学习书中的知识。耶稣会士在欧洲 17 世纪初的藏书具有权威及重要的文化意义，所以国王古斯塔夫二世可能憎恨这个政治对手，但同时他也必须要学习他们的知识。例如，瑞典人学习耶稣会常用的图书馆注册书籍的分类法，因为它是有效率的和现代化的。在乌普萨拉大学图书馆内，耶稣会出版的所有书籍成为瑞典出版书籍的最佳学习榜样。

当布拉涅沃耶稣会学院的书籍被带到瑞典乌普萨拉时，天主教神学文献按照北欧各种耶稣会使用的分类系统安放在书架上。17 世纪 50 年代，瑞典的精神气氛和教会提倡的越来越强烈的反天主教正统神学主张，也为图书馆神学书籍的分类提供了理论基础。更重要的是在马丁·路德和加尔文主义还有天主教分支中严格遵守忏悔原则。但这些书是如何使用的呢？虽然学生和教授都可以进入图书馆，实际上只有教授们才可以把书借到家里，这是学生们无法做到的。

从 17 世纪 90 年代，乌普萨拉大学图书馆已开始保存借书名单。书单显示有争议的文献（天主教的书籍）在 17 世纪中叶被搬到图书馆上锁的房间中。这些书只能由受过训练的神学家阅读、使用和解释，这些神学家是受信任的新教徒，他们能够以"正确的方式"解读这些书籍，而不会走向错误的方向。

乌普萨拉大学图书馆的《银色圣经》

1632 年，瑞典国王古斯塔夫二世在吕岑会战中阵亡，皇位由其女儿克里斯蒂娜（Kristina Augusta）继承。女王 18 岁登基，不久就致力于实现父亲的遗愿，丰富国家图书馆的藏书，把瑞典建设成文化大国。在三十年战争中，瑞典军队抢掠了不少其他国家——包括德国、波兰和捷克——的书籍。克里斯蒂娜女王位于瑞

瑞典女王克里斯蒂娜

典皇宫的藏书数不胜数，它们被排列于 4 个大厅，数量逾 8000 本，涉及拉丁文、希腊文、阿拉伯文、希伯来文。

　　另外，克里斯蒂娜女王又批准购置了大量私人藏书和珍贵手稿，包括当时最受尊重的藏书人法国神学家德尼·佩托（Denys Petau）、荷兰法学家胡戈·格劳秀斯（Hugo Grotius）、荷兰神学家弗修斯（Gerhard Vossius）的藏书和书稿。她还请法国红衣主教马萨林（Cardinal Mazarin）的前任藏书楼主管加布里埃尔·诺代（Gabriel Naudé）来到斯德哥尔摩，帮她搜集特别藏书，并委任他为皇家图书馆馆长。

　　战争和革命带来的混乱往往造成大批手稿和藏书散落各地。欧洲三十年战争期间，瑞典军队从占领土地上搜刮了数千件手稿，并洗劫了德意志许多古老修道院的大量藏书。其中，克里斯蒂娜女王对神圣罗马帝国皇帝鲁道夫二世（Rudolf II，1552—1612）收藏于布拉格城堡的一本 6 世纪的《银色圣经》抄本（Codex Argenteus）特别感兴趣。1648 年 7 月，瑞典将军汉斯·克里斯托弗·冯·柯尼斯马克（Hans Christopher von Königsmarck）

《银色圣经》抄本

入侵布拉格古城，《银色圣经》和许多其他文化宝藏一起成为瑞典的战利品。

《银色圣经》的文本基于乌斐拉主教（Wulfila，311—383）从希腊语翻译成哥特语的《圣经》，是用高质量的金色和银色墨水书写在非常薄的紫色天鹅绒上，因银色文本占主导地位，所以被称为"银书"。哥特语是哥特人使用的一种已灭亡的日耳曼语族语言。在翻译《圣经》时，乌斐拉主教为哥特语创造了一套字母表。《银色圣经》是哥特语中最古老、最广泛使用的文本。《银色圣经》共有 336 页，而乌普萨拉图书馆收藏的只有 187 页，其余部分散佚。1970 年，在德国施佩尔大教堂的考古工程中，考古人员在教堂的圣物箱内发现了《银色圣经》部分散失的页数，另外还发掘出一些早期圣人的遗物。

《银色圣经》现存于瑞典乌普萨拉大学图书馆的特别展厅内。2011 年，《银色圣经》被列入联合国教科文组织世界遗产名录。这部作品大概诞生于 6 世纪初，由狄奥多里克国王（Theodoric the Great）统治时期的拉文纳（Ravenna）写成。526年，狄奥多里克国王去世后，《银色圣经》在世上消失了约 1000年。16 世纪，《银色圣经》在德国西部的埃森本笃会修道院重新出现，后在欧洲的几座城市间辗转。直到 1620 年，鲁道夫二世把《银色圣经》带到了布拉格的宫殿。1648 年，瑞典军队在三十年战争中入侵布拉格并将《银色圣经》作为战利品带到斯德哥尔摩，成为瑞典女王个人图书馆的珍藏。

克里斯蒂娜女王退位后，她将《银色圣经》作为工资补偿送给她的图书管理员艾萨克·沃西乌斯。但沃西乌斯对《银色圣经》并不感兴趣，他收藏的目标是希腊古典手稿。于是沃西乌斯把这本价值连城的书卖给了荷兰阿姆斯特丹的书商。瑞典新任皇帝得悉此事后，立即通过外交渠道命令瑞典使节把这本《银色圣经》重新买下来，并将它带回瑞典。

为何《银色圣经》能够吸引每年大约 10 万人来看它？我猜测其中的原因是围绕这本书的很多谣言、冒险和令人兴奋的故事。什么是真的，什么是神话？哥特式的宝藏、隐藏的遗物、魔法图书馆、战舰、沉船和抢劫……正如达·芬奇的《蒙娜丽莎》，其背后的故事令很多历史学家及文献研究者不懈探索。

瑞典皇家图书馆的神秘书籍

瑞典皇家图书馆内，收藏着一本 13 世纪早期由本笃会修道院僧侣书写的神秘书，它就是举世闻名的手抄本《魔鬼圣经》

（*Codex Gigas*），是现存少数巨型《圣经》的插画手稿。除了书籍的庞大体积令人啧啧称奇外，围绕它制作过程的讨论更增添了这本书的神秘感。

联合国教科文组织的世界记忆名录（UNESCO Memory of the World Register）中介绍：

《魔鬼圣经》是一部源自波希米亚（古代捷克的领土之一）的 13 世纪巨著手稿。这部书因其规模以及对恶魔的大篇幅描述而出名。该书由多部分组成：《旧约》和《新约》、夫拉维·约瑟夫（Flavius Josephus）的两部作品、圣伊西多尔（Isidore of Seville）的《词源》（*Etymologies*）、12 世纪布拉格的科斯马斯所著的《波希米亚编年史》（*Chronica Boëmorum*）以及一份日历。其中特别让人感兴趣的部分是对源自波希米亚手稿的论证及其不太平的历史。16 世纪末，该手抄本被哈布斯堡统治者鲁道夫二世收藏。1648 年，三十年战争结束时，瑞典包围布拉格，这本书作为战利品被带到了斯德哥尔摩。

这本书最受关注的是一幅恶魔张牙舞爪的彩色图片，这幅图为它带来了"魔鬼圣经"的称号。但在这幅图的对面却描绘了天堂的景象，呈现了另一种感觉。

《魔鬼圣经》

《魔鬼圣经》书页

这本巨大的《圣经》被称为 *Codex Gigas*，拉丁语意为"巨大的书"。它是中世纪最大的手稿之一，全书大约 92 厘米高、50 厘米宽、75 公斤重。这本书由 310 张羊皮纸制作而成，需要两个人才能把它抬起来。

根据传说，《魔鬼圣经》是波希米亚修道院的一位僧侣在魔鬼的帮助下写成的。传说一名僧侣被判处死刑，他在绝望中乞求宽恕，承诺制作一本包括人类所有智慧的书来令修道院荣耀，并且在一个晚上完成，以获取死罪的赦免。然而，当他发现不可能在一个晚上写好时，这个僧侣就与魔鬼进行了交易。

有研究人员使用与修道院僧侣相同的材料进行实验，研究人员发现编写 100 行字需要一天的时间，这只是《魔鬼圣经》中的半页，就算不眠不休地工作，这本圣经也需要大约 4 年时间完成。当然，即使本笃会修士也不能一天 24 小时工作，修士们遵循严格的时间表，除了吃饭和休息之外，每天必须在固定时间祈祷 8 次并参加弥撒。因此他每天大约只有 5 小时写作此书，这样算下来《魔鬼圣经》的作者必须忙碌至少 10 年时间才能完成它。

另外笔迹研究人员分析，全书 620 页都以相同的方式书写，由此判断全书是在短时间内由同一个人写成。亦有研究认为，对于中世纪手稿而言，这本身并不特别，因为僧侣们在抄写文本时，接受过训练并学会了同样的风格。

历史学家们认为，手稿第一页上的一份说明指出，该书最早的所有者是位于波西米亚普德兹（Podlažice）镇的本笃会修道院。它还说普德兹修道院欠了西多会（Cistercian）修道院很多钱，所以会被夷为平地。为此，他们不得不把这本书交给西多会修道院作为债务抵押品。到了 1295 年，本笃会的教士包威尔（Abbot Bawarus）买回了这本书，并把它放在一间修道院里。到了 1420 年，僧侣将《魔鬼圣经》从首都周围的动荡地区，搬到了布鲁莫夫的一个僻静的修道院，避过了改革天主教会的约翰·胡斯（John Huss）支持者的抢掠。但到了 1648 年，在三十年战争结束后，《魔鬼圣经》作为战利品之一被带到瑞典斯德哥尔摩。6 年后，深受宗教信仰影响的女王克里斯蒂娜退位，并前往罗马生活，而这本书被留在了瑞典。

1697 年，斯德哥尔摩皇宫发生大火。一位尽职尽责的仆人用尽气力搬起《魔鬼圣经》，拖到窗边并抛出窗外。《魔鬼圣经》再次被拯救了，可惜在混乱中丢失了 12 页。在这之后的 300 多年，《魔鬼圣经》一直被保存在瑞典皇家图书馆，成为国家民族威望的象征。然而要求瑞典归还《魔鬼圣经》的声音从未间断，包括捷克总统哈维尔（Vaclav Havel）试图劝说瑞典归还，但遭到了拒绝。直至 2007 年，《魔鬼圣经》在被夺走的 359 年后，才以租借的形式在捷克国家图书馆进行了为期 4 个月的公开展览。

重要的音乐手稿及政府文档

除了宗教书籍，瑞典在三十年战争期间还掠夺了大量音乐手稿和政府文件，它们主要存放在瑞典皇家图书馆和乌普萨拉大学图书馆。

在乌普萨拉大学图书馆，有三类音乐手稿，分别是 Discant、Alto 和 Tenor，手稿以前是波兰布拉涅沃耶稣会学院图书馆的财产。在每种手稿的第一页底部写有题词 *Collegii Braunsbergensis Societatis Jesu*，证明了它们的来源。手稿页码不同：Discant 有 66 页，Alto 有 80 页，Tenor 有 63 页。每页手稿都是用哥特式的小写字母写在羊皮纸上。这些音乐手稿是布拉涅沃图书馆的重要组成部分，是波兰立陶宛联邦幸存的最大音乐收藏之一。目前保存在乌普萨拉大学图书馆的音乐手稿只有 38 本，十分稀有。这些音乐手稿见证了耶稣会如何影响及塑造那个时期的音乐风格，并建立了宗教音乐传播的途径。

布拉涅沃耶稣会学院图书馆的其他音乐曲谱，亦同时被存放在斯特兰奈斯（Strängnäs）和林雪坪（Linköping）两座图书馆。大多数圣乐作品由耶稣会修士雅各布·欧飞（Jacob Apfell），在布拉涅沃耶稣会寄宿学校学习，并在奥利瓦修道院编写，包括晚祷、咏叹调、牧歌和器乐等形式。为进一步系统了解这些文献，乌普萨拉大学图书馆在 2009 年出版了《布拉涅沃耶稣会学院图书目录》，这本出版物是布拉涅沃耶稣会学院图书馆馆藏书籍的索引，是研究 16 世纪和 17 世纪波兰图书馆及耶稣会士收藏品的工具书。

众所周知，在 17 世纪瑞典参与的战争中，瑞典军队从波兰、德国和其他国家抢夺了大量文化宝藏。大批艺术品、书籍、各种档案，甚至整个图书馆和档案馆都被搬到了瑞典。这是崛起的大国提升其文化地位的一种手段。在掠夺外国档案时，瑞典也在追求实际的政治目标：它想彻底渗透进邻国以及了解竞争对手的政治机密，斯摩棱斯克档案（Smolensk Archives）就是这类战利品。斯摩棱斯克档案中的大部分文件保存在斯德哥尔摩的瑞典国家档案馆，圣彼得堡的俄罗斯科学院历史研究所也有一定数量的档案。历史上，斯摩棱斯克曾在波兰国王西吉斯·蒙德三世治下。1611 年，斯摩棱斯克沦陷，大量政府文档被视为战利品落入了沙皇俄国手中。17 世纪中期，俄国在瑞俄大战中落败，战利品再次被转移到瑞典的斯库克洛斯特城堡（Skokloster Castle），其后被转移到斯德哥尔摩的瑞典国家档案馆。

也许是命运的讽刺，这些在战争中被掠夺的书籍终究难逃厄运。法国外交官奥斯尔在参观刚成立的瑞典国家图书馆后称，瑞典人将德国皇帝收藏了 800 多年的珍宝，以及向教会赠送的丰富礼物在一天内全部拿走。但是不过 100 年，一场大火就将这批书籍烧毁了。1697 年，因皇宫失火，瑞典皇家图书馆损失了三分之二的馆藏，其中包括 17386 卷图书和 1103 件手稿，失火后馆藏目录上显示藏书残存 6826 卷，手稿仅剩 283 件。之后，藏书几经迁徙，1768 年瑞典皇家图书馆迁往新落成的皇宫的东北翼，直到 1796 年图书馆的房间才装修完备，并且要与其他几个机构共享，图书馆空间很快就不敷使用了。图书馆失火后开始有限地向公众开放，但在选址问题上一直争论不休。

1705—1741 年，瑞典皇家图书馆还是收到了不少赠品，如公元 750 年未经审定的拉丁文本《圣经》以及古老的突厥语图书等。但是图书馆的地位并不稳固，1703 年，皇家图书馆每年 600 银币的经费，不足以购买两种外国杂志和应付图书装订及购买蜡烛。1770 年，瑞典议会拨给皇家图书馆一批图书，供图书馆自由买卖和交换使用。在安德斯·瓦尔德任馆长期间（1758—1795），皇家图书馆逐渐走上正轨，分别从不同人的藏书中补充了中世纪手稿、伊斯兰文手稿，并收回了原来属于古斯塔夫二世而被继任者克里斯蒂娜送人的图书。安德斯·瓦尔德在任的几十年间，皇家图书馆的藏品数量翻了一番。

结语

对一个年轻国家来说，军事扩张彰显了国家的强权，而战争中获得的战利品成为主宰其他国家的重要象征，其中艺术文物、档案和图书提供了丰富的文化资本，有助于在文化上和知识上树立国家的强大形象。正如瑞典没有销毁战争中抢掠来的天主教教会物品和书籍，而是凸显出它的非宗教意义，将其合并到瑞典的文化之中。例如，瑞典学习了教会的编书目录系统，作为国家图书馆发展的参考。在瑞典人的概念中，这些战利品被称为文物转移（Kulturtransfer），是构建国家收藏的重要组成部分。通过模仿欧洲大国的文化，瑞典文化的根基由此生成。

可叹的是文化的消亡意味着民族的消亡。在过去的20年里，很多曾因战争而受害的国家极力要求归还几十年，甚至几个世纪以前被他国夺取的文化财产，尽管只有少数战利品能够顺利回归。例如，2005年，在日俄战争百年纪念日上，日本归还韩国一座纪念碑；2008年，意大利归还了在墨索里尼入侵埃塞俄比亚期间，夺走的一座有着3000年历史的方尖碑。在这些文物的回归过程中，我们不应忽视一个事实：民族主义往往是这些文化纠纷的根源。

第二章　伦敦图书馆的两场火灾纪事

烧毁的总会重新建立，这就是纪念的意义。

——彼得·阿克罗伊德《伦敦传》

在 15—17 世纪，伦敦由首都发展成现代早期大都市的 200年间，这座城市遭受了一系列伤痛的历史事件，包括瘟疫、宗教纠纷、内战、大火、政治不稳定和经济动荡。而其中 1666 年的那一场伦敦大火改写了这座城市的规划。200 多年后，纳粹德国的空军对伦敦的袭击，也同样演奏了一首命运交响曲，伦敦和敌人的战斗，不单是生命的保卫战，更是书籍和文物的守护战。

大英博物馆图书馆的拯救行动与损毁

大英博物馆图书馆的大厅里陈列着英王乔治三世的两层御

览藏书，规模十分壮观。中央走廊的众多展箱里各自保存了多位名人的手稿，例如济慈、狄更斯、乔治·艾略特等；其他展箱内则是弗吉尼亚·伍尔夫、爱德华·吉本、简·奥斯汀的重要印本。大英博物馆图书馆内居于首要位置的是刻有"英国文学第一号"字样的展箱，里面是英国伟大的史诗《贝奥武甫》（*Beowulf*），据说这部古籍写于8世纪左右，这是它留存于世的唯一原始版本。此书摊开的那一页，描述的是三四百年前丹麦国王"麦束之子"希尔德的葬礼。今天游客欣赏乔治三世花费大量气力搜集的这些经典巨著时，是否想过它们过去的历史？当国王乔治三世在1760年登基前，英国没有一座官方认可的皇家图书馆。在1708年，所谓的旧皇家图书馆搬出了圣詹姆斯宫。直到1757

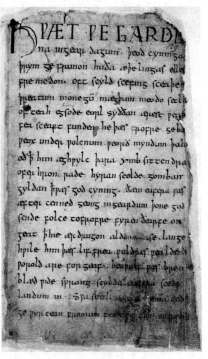

大英博物馆图书馆馆藏
《贝奥武甫》书页

年，他的父亲国王乔治二世把所有藏书捐给新的大英博物馆时，乔治三世只继承了各皇家住宅中的小型藏书。作为刚登基的君主，乔治三世决定兴建一座新的图书馆。1763 年，乔治三世收购了曾任英国驻威尼斯领事约瑟夫·史密斯（1682—1770）的私人图书。这批藏书超过 5000 本，其中最珍贵的是德国宗教改革家马丁·路德的经典著作和大量早期手绘地图。

乔治三世国王聘用两名图书馆馆员协助完成建立图书馆的任务：理查德·道尔顿（1715—1791）和弗雷德里克·奥古斯塔·巴纳德（1742—1830）。他们出席了在伦敦和欧洲大陆举办的许多大型图书销售及拍卖活动，并收购了大量私人图书馆的藏书。另外，南欧的耶稣会图书馆捐赠了 3000 本早期宗教印刷书刊以及这些作者的作品，丰富了这座新图书馆的馆藏。

国王图书馆是乔治三世个人收藏品的殿堂。他参考了著名知识分子塞缪尔·约翰逊博士（Dr Samuel Johnson）的建议，加强了古典文学、英国和欧洲历史、英国和意大利文学以及宗教文本等藏书，其中包括《古登堡圣经》的副本和英国作家杰弗里·乔叟（Geoffrey Chaucer）的第一版《坎特伯雷故事集》(*The Canterbury Tales*)。到 1820 年乔治三世去世时，图书馆共有约 6.5 万册印刷书、1.9 万本小册子、大量手稿（现存图书馆手稿收藏室），以及地图（现主要存于图书馆地图收藏室）。

乔治三世去世后，储君乔治四世与政府谈判，决定将这座图书馆作为礼物赠送给国家。除了国王特别喜爱的一些珍藏书目被转往温莎皇家图书馆外，全部存放在由建筑大师罗伯特·斯默克爵士（Sir Robert Smirke，1780—1867）设计的新国王图书馆。图书馆是一幢带有四翼的四边形建筑，该建筑于1852 年竣工。它包括古典雕刻品和亚述文物的展馆以及员工宿舍。斯默克设计的大楼采用了希腊复兴式的建筑风格，有南入口的圆柱和山形墙。新国王图书馆将大英博物馆图书馆收藏的面积增加了近 50%。

虽然在 1914 年第一次世界大战中，大英博物馆图书馆躲过了德军破坏，但图书馆馆长克拉克还是草拟了一份应变方案，针对书籍被烧毁的问题，建议威尔士国家图书馆作为转移疏散的"天堂"。20 年后，随着欧洲紧张局势的加剧，越来越多的图书馆和博物馆将不可替代的藏书及文物转移到威尔士国家图书馆进行保存。大英博物馆图书馆于 1933 年开始讨论书籍的转移，并于 1939 年 8 月 24 日实施了这一计划。

国王图书馆馆长威尔弗雷德·亚历山大·马斯登（Wilfred Alexander Marsden）发表了以下备忘录，并附有关于包装手稿的说明：

　　这些手稿必须从数字 1 开始编号，我们会将该编号放在末尾并用模板编号。在每个物品的

1933 年大英博物馆图书馆的撤离

包装外面必须是包装箱编号，以便容易看到。从保险柜开始转移的非常有价值的装订手稿，每张包装都会写一张卡片，这是一个非常简短的条目，例如"银行－手稿日记"以及包装的编号和文件的编号。就在一个多星期之后，我收到报告，一些非常珍贵的书籍和手稿已经被送到"列车上的卡车"，该卡车正驶往威尔士阿伯里斯特威斯。该货物包含"250 份米切尔收藏中最有价值的材料"，由图书馆副馆长梅特卡夫先生、图书馆管理员卡伦先生护送到北部高地的阿伯里斯特威斯图书馆附近的地下室。

所有工作人员都被征用来收集档案材料，第一天结束时共有 10 吨书籍被运往在阿伯里斯特威斯的威尔士国家图书馆，其中包括国王图书馆中的大部分图书。9 月 2 日，威尔士国家图书馆收藏了大英博物馆图书馆 100 吨档案和书籍，其中包括 1.2 万本书、4.2 万份手稿和四分之三来自印刷和绘图部门的文献。

国王图书馆的厄运最终在 1940 年 9 月 18 日来临，图书馆首先被德国的炸弹击中。5 天后，9 月 23 日星期一清晨，一枚燃烧弹经过一层的民族画廊，进入国王图书馆画廊北端，然后在那里猛烈爆炸，这次爆炸摧毁了国王乔治三世收集的许多书籍。当代的估计有 124 卷（96 件作品）已经消失，340 卷（170 件作品）已经损坏无法修复，约 1000 卷可修复，大约 9 米的书柜被摧毁，其他一些书柜被烧光。当时的馆长威尔弗雷德·亚历山大·马斯登描述了发生的这件事：

> 抢救过程中的第一个行动是收集从书架上掉下来的所有书本和碎片，以及破碎的墙壁和桌子上的所有书籍……然后在古代雕塑室和罗马画廊将湿的和干的分成两组……实际上受破坏的数量约 1500 卷。其中，124 卷已完全消失；另外 340 卷受到损害，这是不可修复的。

1940 年国王图书馆的被毁（由大英图书馆提供）

到了 1941 年 5 月 10 日，大英博物馆馆藏遭受重大损失。数十枚燃烧弹袭击大楼后，大楼屋顶起火，个别藏书遭到严重破坏，其中包括艺术家威廉·亚历山大（William Alexander，1767—1816）的一组彩色大型插图画集和《中国衣冠风俗图解》（*Picturesque Representations of the Dress and Manners of the Chinese*）等。

1792 年至 1794 年，英王乔治三世派遣马戛尔尼使团来华，时值乾隆盛世，使团中的多位成员在回到英国后都出版了见闻录，尽管各人对史实的描述大抵相同，但还是有些细节存在争议，唯一没有争议的就是使团绘图员（还不是随团画师）威廉·亚历山大绘制的图画。他用画笔记录下了这段行程中的精彩瞬间，同其他经历过的场景一样，他画了很多素描。回国后，他又根据这些素描，画了大量水彩画和油画。

使团成员出版的见闻录里也多收录他的画作，其中最重要的共有三部：第一部是马戛尔尼私人秘书、使团副使乔治·斯当东（George Thomas Staunton）1797年出版的《大英国王派遣至中国皇帝之大使的真实报告》（*An Authentic Account of an Embassy from King of Great Britain to the Emperor of China*）。这一版本共3册，第一、二册是文字，第三册是大开本（43.5厘米×58厘米）的铜版画册，共收录44幅图，其中3幅动植物图，如交趾支那的霸王树及其叶子上的昆虫、爪哇的凤冠火背鹇和鸬鹚；11幅地图及海岸线，如舟山群岛、山东半岛和澳门等地，特别是第一幅地图，它是使团往返的路线图，并详细标注了每个锚点的日期和水深，地图尺寸巨大，展开后的尺寸为99厘米×64.5厘米；5幅剖面图，包括圆明园正大光明殿、古北口长城、热河小布达拉宫、运河水闸和水车

1797年出版的《大英国王派遣至中国皇帝之大使的真实报告》

等；25 幅中国的风俗人物。这些均出自亚历山大之手。这套书再版多次，但是第一版原本存放在国王图书馆。

第二部是亚历山大自己出版的，描绘中国的铜版画散页，共 12 辑，每辑 4 幅，从 1797 年 7 月直到 1804 年 11 月，最后在 1805 年发行了合订本，书名为《中国服饰》(*The Costume of China*)，这 48 幅铜版画都经过手工上色。

第三部是 1814 年英国发行的一套 4 本的"图鉴"画册，其中一册是亚历山大绘制的《中国衣冠风俗图解》。这本书与《中国服饰》一样，都采用一幅人工着色铜版画搭配一页说明文字的形式。这本书出版后，亚历山大进入大英博物馆工作，担任图书馆印刷品的助理管理员。

1941 年的轰炸之后，纳粹德国开始更多地使用燃烧弹，这对伦敦的建筑物造成了严重的损害。考虑到这个情况，1941 年 5 月的轰炸之后，博物馆和图书馆的前两层书籍已经被搬迁到威尔士的地下密室内。到 1943 年，又有 8.8 万本书保存在这座采石场的隧道内。

威尔士国家图书馆在第一次世界大战期间已经是图书馆的疏散天堂，在第二次世界大战期间继续担当此重要角色。欧洲的紧张局势在 1933 年开始加剧，这促使威尔士国家图书馆制定了战时文物储存计划。埃文·D.琼斯爵士提议把这些图书保存在一个更加安全的地方，并建议使用位于图书馆附近的采石场。这个想法很快被接受了，并计划建造从主楼到采石场的隧道。

随着欧洲战争形势的加剧，越来越多的图书馆和博物馆将珍贵的藏书和文物转移到威尔士国家图书馆进行保存。大量的运输引发的唯一问题是图书馆工作人员的短缺。威尔士国家图书馆在整个战争期间陆续接收来自英国各个图书馆的藏书。第二次世界大战结束后，撤离到威尔士国家图书馆的藏书又被送回到原来的图书馆。

很多史学家都认为国王图书馆被毁带来了深远的影响。大英博物馆图书馆的工作人员在第二次世界大战后数十年内仍在拯救、修理或更换大量的古籍。2000年，当大英图书馆的馆藏书籍被转移到圣潘克拉斯新址后，修复工作仍在继续。另外在数码化及在线目录软件流行的时代，工作人员还需要记录大量新的目录。

作为一位爱书人，我为一些珍贵图书的毁灭而悲哀，为伊拉克、黎巴嫩等因为战乱而导致图书的损毁而感叹。图书馆作为图书的一个集散地，它所承载的是人类的知识和记忆。从古至今不知有多少图书散佚、消失和被窜改。图书馆的命运往往和民族、国家的命运联系在一起，一个政权对待图书馆和图书的态度反映出他们对待国家或民族的文化和记忆的尊重程度。

除了国王图书馆，伦敦另一座文化地标的藏书也遭遇过一场大灾难。

圣保罗大教堂图书馆的前世今生

创建于公元604年的伦敦圣保罗大教堂，是歌咏上帝荣耀的纪念碑，是城市与国家希望、韧性以及力量的象征。

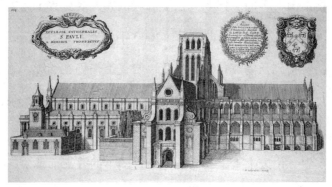

1666年大火前的圣保罗大教堂

这座曾被1666年的那场大火完全烧毁并重建的历史地标里，

举行过许多重大典礼，包括维多利亚女王的钻石婚庆典礼、纳尔逊将军与首相丘吉尔的葬礼、女王伊丽莎白二世登基50周年金禧（Golden Jubilee）庆祝，以及戴安娜王妃和查尔斯王子于1981年7月29日举行的世纪婚礼。许多显赫的人物均在此受到人们的纪念，其中既有政坛领袖、军界魁首，也有建筑大师和科学巨匠。英国诗人及圣保罗大教堂教长约翰·邓恩曾在此赋诗，美国人权领袖马丁·路德·金曾在此讲道。

此外，圣保罗大教堂也经常作为伦敦电影拍摄的取景胜地，如《哈利·波特》（Harry Potter）和《欢乐满人间》（Mary Poppins）里面的场景。你可以穿过150米长的教堂中堂，登上259级梯级，在耳语廊（Whispering Gallery）内悄声对话，如果你还有足够的体力，可以再登上528级梯级，登上教堂的穹顶，纵览伦敦的壮丽全景。

圣保罗大教堂在设计上深受罗马圣彼得教堂的影响。大教堂平面呈十字形，其主体建筑是两座长152米、宽36米的二层十字形大楼，十字楼的交叉部分拱托着一座高110米的大圆顶建筑，大圆顶的上端安放着一个镀金的大十字架。圆顶底下高出十字楼的部分是一个两层圆楼，底层外围建有一圈挺拔的圆形石柱，顶层则有一圈围以石栏的阳台，站在这里可以欣赏伦敦的市景。第二次世界大战期间，圣保罗大教堂在德国空袭伦敦过程中经受住轰炸而毫发未损，成为英国人民反抗纳粹德国的标志。但是朝圣者很少知道圣保罗大教堂有一座标志性的图书馆——圣保罗大教堂图书馆（The Chapter Library），图书馆早在1132年开始运作，当时藏书量仅有3800本，主要是宗教和艺术类图书及教廷档案。到了17世纪，女王伊丽莎白一世的恋人哈顿勋爵（Lord Hatton）委托英国古籍收藏家威廉·杜格代尔（William Dugdale）和生活在伦敦的捷克艺术家温塞斯劳斯·霍拉（Wenceslaus Hollar），编著了一本重要著作《伦敦圣保罗大教堂历史》（*The History of St Paul's Cathedral in London*，1658年），这是一部伟大的作品。可是威廉·杜格代尔和其他人都不能预见大教堂图书馆在10年后会被大火毁灭。

威廉·杜格代尔

　　1666年9月2日，毁灭伦敦的那场大火灾开始了。一连三天，伦敦大火烧毁了1.3万间房屋、87座教堂和这座城市最重要的中世纪大教堂。

1666 年的伦敦大火

1666 年 9 月 2 日（周日）午夜，那场令伦敦成为炼狱的大火于布丁巷（Pudding Lane）的一处面包房开始，并迅速席卷整座城市。当时伦敦使用的主要消防设计是通过拆除房屋造出防火道，但时任伦敦市长托马斯·布拉德沃思爵士（Sir Thomas Bloodworth）的犹豫不决让救火努力遭到了致命性的推迟。在布拉德沃思爵士前往查看时，大火已从面包房蔓延到周边的房舍。有经验的消防人员建议将周边房屋拆除，当地治安官抵达后也做出同样的判断，认为最好拆掉四周房屋以避免火势蔓延。但布拉德沃思爵士在四周屋主的抗议声中，推翻了治安官和消防人员的建议，于是大火便一发不可收拾。

17 世纪英国作家、政治家塞缪尔·佩皮斯（Samuel Pepys，1633—1703）在《佩皮斯日记》（*The Diary of Samuel Pepys*）中，

对伦敦大火（1666年）和大瘟疫（1665年）进行了详细描述。
9月26日这一天，佩皮斯谈到书籍的损失：

> 我听说圣保罗教堂的书籍也有很大的损失，价值约为
> 15万英镑；一些书商完全没有办法，他们说，克鲁姆先生
> （书商）所有的书和家当都被烧毁了……教堂的屋顶掉下
> 来，倒在教堂下面……所有的货物都被烧毁了，真是一个
> 非常大的损失。

曾经几度重建的圣保罗大教堂，在1666年大火烧毁后，由
英国建筑大师克里斯托弗·雷恩爵士（Sir Christopher Wren）重
新设计建造。工程于1675年展开，直到1710年才最后完工。
雷恩爵士于90岁高
龄目睹了教堂的落
成，成为西方世界中
唯一一座在建筑设计
师有生之年完成的大
教堂。教堂的地下室
内还有一个雷恩爵士

雷恩爵士重新设计的圣保罗大教堂

的墓碑，很不起眼，就是一块大石板，墓志铭为："如果要找他的纪念碑，请环顾四周。"（If you seek his monument, just look around.）

继 1666 年的大火之后，圣保罗大教堂在现在的建筑中保留了一个图书馆。但是十分可惜，只有 3 本手稿和 24 本印刷书籍幸存下来。根据重建圣保罗大教堂图书馆委员会在 1720 年的补充可知，现存书籍包括有价值的《圣经》和礼仪文本，并于 1712 年从伦敦主教亨利·康普顿的个人图书馆接受了近 2000 册的慷慨遗赠。1783 年，邓莫及贝宝第堂区助理牧师约翰·曼吉（John Mangey）的私人图书也成为圣保罗大教堂图书馆的珍贵馆藏。19 世纪，大教堂图书馆增添了大量教会传单和小册子，丰富了图书馆馆藏。

另外，圣保罗大教堂图书馆副馆长兼图书馆管理员威廉·辛普森（W. Sparrow Simpson, 1828—1897）出版的《圣保罗大教堂图书

1874 年的圣保罗图书馆

馆》一书描述："这是一个非常整齐有序的阅读空间。现在教堂图书馆仍然有三大馆藏，包括一般图书馆藏（library collection）、特别馆藏（chapter archive）和物件馆藏（object collection）。大教堂的档案在 18 世纪和 19 世纪由大教堂官员有系统地记录下来，最著名的两位是伦敦总主教黑尔（W. H. Hale，1842—1870 年的伦敦总主教）和 1862—1897 年担任大教堂图书馆管理员的威廉·辛普森。辛普森设计的新标记简化了档案存放的过程，从 1980 年档案被转移到市政厅图书馆，一直沿用至今。

第二次世界大战期间，圣保罗大教堂再次遭到不幸，不过这次是政治原因：纳粹德国空军的袭击。1940 年底，在伦敦大轰炸期间，不少炸弹击中了圣保罗大教堂，几乎炸毁了教堂的东翼和圣坛的大部分，大教堂周围的建筑更被夷为平地。

空袭后的圣保罗大教堂
（由圣保罗大教堂图书馆提供）

这些空袭行动造成了数以万计的伦敦人丧生，但教堂的圆顶却奇迹般地被保存了下来。空袭后，当时的首相温斯顿·丘吉尔连夜致电伦敦市政府，指示"不惜一切代价，保卫大教堂"，因为圣保罗大教堂是反侵略和反法西斯的标志，也代表了英国人不屈不挠的抵抗精神。《每日邮报》的首席摄影师赫伯特·梅森（Herbert Mason）空袭当晚在圣保罗大教堂西南面的加尔默罗街（Carmelite Street）报社大楼的屋顶上拍摄抢救的过程。赫伯特·梅森将镜头对准圣保罗大教堂圆顶，捕捉了从黑暗中被照亮、周围是旋涡的烟雾，以及被轰炸的建筑物的轮廓，他说："当我看到那个伟大的圆顶时，我集中注意力，将最真实的一刻告知世人。"

另外，圣保罗大教堂守护队（St. Paul's Cathedral Nightwatch）也做出了重大贡献。它是 1915 年 6 月首次成立的志愿者组织，旨在保护大教堂在第一次世界大战期间免受飞艇轰炸的袭击。领导者默文·麦卡特尼（Mervyn McCartney）是一名测量师，他在战争过程中领导超过 260 名志愿者。志愿者的职责是寻找并熄灭空袭期间被丢弃的炸弹所引发的火灾，并保留夜间活动的详细记录。志愿者接受了伦敦消防队的培训，并使用专门安装的电话与消防队保持密切联系。志愿者还必须熟悉大教堂的地理位置，尤其是建筑物上层的楼梯和通道。所以他们每人被分派了一本关于大教堂的小册子，册子里显示了每个楼梯、通道和消防栓的位置。

第二次世界大战开始时，志愿者的职责与第一次世界大战期间的职责相似，继续密切关注大教堂，向伦敦消防队报告任何枪击、燃烧弹或建筑物损坏的情况。该组织还接受了关于处理火灾、燃烧弹和化学武器袭击的培训，这些培训在 1940 年秋季至 1941 年春季（即闪电战时期）非常有用。圣保罗大教堂守护队吸引了各行各业的成员，包括建筑师、学者、商人、公务员和神职人员。由于这个志愿者组织人才辈出，圣保罗大教堂守护队被称为"伦敦最佳俱乐部"。然而，很多书籍和档案都被毁灭了，少数保存下来的是 1931 年至 1940 年间的《教会日报》等报章。战后，大教堂的其他档案在 60 年代后期被转移到伦敦市政厅图书馆的手稿部门，档案内容涉及大教堂的宪法、行政管理、服务、财务和结构，院长特别管辖权（包括遗嘱认证）、院长和大教堂官员的遗产。市政厅图书馆主要存放教会委员庄园和遗产记录以及公共档案室交存的遗嘱记录。它们被列入特别档案。

今天，圣保罗大教堂图书馆藏有大约 21500 册书籍、杂志和手稿。馆藏书籍出版日期在 1700 年左右，而最古老的书籍是 12 世纪末或 13 世纪初诗人的结集。图书馆面临的主要问题是恢复和保存，或者如何在没有温度和湿度控制的房间内尽可能使书本保持原始状态。大部分图书是从伦敦大火后 1690 年起通过购买和捐赠方式而来的。学者、学生和各领域研究者，今天仍在使用这些珍贵的馆藏，其中包括被认为"英格兰最危险人物"——威廉·廷代尔（William Tyndale，1494—1536）——翻译的书。

现在的圣保罗大教堂图书馆（由圣保罗大教堂图书馆提供）

圣保罗图书馆藏书中最大的宝藏

圣保罗图书馆内藏有一本非常小的书，它在近 500 年里持续发挥着独特的影响力，因为内容涉及英格兰国王、教皇和神圣罗马帝国的皇帝。威廉·廷代尔翻译的《新约圣经》在英文《圣经》中毫无疑问是最重要的书，不仅在图书馆藏书中，而且在西方宗教书史中也扮演一个重要的角色。

威廉·廷代尔是英国宗教改革的先驱，被认为是第一位清教徒。廷代尔颇具语言天赋，除了母语英语之外，还通晓法语、希腊语、希伯来语、德语、意大利语、拉丁语和西班牙语。1515 年 7 月，不到 21 岁的廷代尔便取得了牛津大学文学硕士的学位。1521 年，他获授圣职，

威廉·廷代尔翻译的《新约圣经》

成为罗马天主教的神父。廷代尔是第一个把拉丁文《圣经》译为现代英语的圣经学者。后来著名的钦定版圣经（King James Version）有 90% 采用了他的翻译。

16 世纪的英国，罗马天主教教廷只允许阅读拉丁文《圣经》，不容许私自翻译，并且只有神职人员才可以拥有和诠释《圣经》的权力。威廉·廷代尔却主张应该让普通老百姓都可通过阅读《圣经》来认识上帝，他把《圣经》译成英语，也因此被诬陷为异端，后来他在比利时布鲁塞尔被罗马教廷处死。

威廉·廷代尔是一位基督教学者和宗教改革先驱，也是一个敢言的人。在牛津大学和剑桥大学都接受过教育的廷代尔，是一个有争议的"个人信仰"倡导者，因为他认为个人能够与

上帝建立起一种关系，而不是通过教会。

通过用英文书写《圣经》，威廉·廷代尔给所有的人——从王子到普通百姓——都能直接体验上帝话语的机会。普通人的这种权力威胁了当权者的统治，他们要着手消灭这本书和它的译者。威廉·廷代尔写道，教会当局禁止他翻译《圣经》，以便"让世界仍然处于黑暗之中，意图通过虚伪的迷信和错误的学说，使自己坐在人民的良知中，提高自己的荣誉"。

为了反抗英国政府对他的禁制，并将《圣经》交到人民手中，威廉·廷代尔不得不前往德国马丁·路德的新教改革中心印刷这本书。他被都铎王朝（Tudor Dynasty）称为"英格兰最危险人物"。1525 年，威廉·廷代尔翻译的《圣经》终于由出版人彼德·舍费尔（Peter Schoeffer）在德国的沃尔姆斯市（Worms）出版，颠覆了当时关于《圣经》的理念。由于威廉·廷代尔所持的宗教立场，教会最终拘捕了他，并于 1536 年在比利时布鲁塞尔附近处决了他。

虽然威廉·廷代尔的书被无情地烧毁，但他文字的力量仍然存在。在他的"小书"里面具有影响世界的词语。今天，威廉·廷代尔的"小书"是圣保罗图书馆藏书中最大的宝藏。但是，有谁会想到这本"小书"早期是以违禁品的形式和其他福音书、书信混在一起，暗地里进入圣保罗大教堂。

结语

在伦敦出生和生活过大半世纪的作家彼得·阿克罗伊德（Peter Ackroyd）在《伦敦传》中评论这座城市数千年的各场火灾时，这样说："烧毁的总会重新建立，这就是纪念的意义。"

也许，在这个毁灭时期，伦敦凭借着不屈不挠的精神幸存下来，并以某种方式蓬勃发展。在伦敦一些最黑暗的日子里，那几场大火灾带来新的启示，反映出政府应对灾难与危机的能力。伦敦的图书馆受到轰炸，尤其在伦敦大轰炸中，公共图书馆书籍严重短缺，但并不能阻止市民追求知识的热忱，并不能阻止人们在炮火中阅读。主要通过市民的捐赠，数千间流动图书馆应运而生并快速发展。流动图书馆弥补了主要图书馆损毁后造成的影响。伦敦在灾后浴火重生，成为充满活力的国际化文化大都市。

第三章　鲁汶大学图书馆的两次劫难

图书馆是人类唯一可靠、长久的记忆。

——叔本华

叔本华的这句格言经常被图书馆的工作人员引用，但却带有讽刺意味。事实上，图书馆并不安全和持久，非常古老的图书馆很少见。图书馆可以重建，但图书馆里的藏书却很难恢复。图书馆难免遭遇意外，甚至是遭遇一次又一次的灾难。在比利时，有一座图书馆有着一段传奇的命运，它于火焰中被毁灭，又得以重建，在 20 多年后再次被毁，而且竟是同一个元凶。它便是鲁汶天主教大学图书馆（Leuven Catholic University Library）。

1425 年，罗马教皇马丁五世授权布拉特班公爵在布鲁塞尔东部 60 公里处建立一所大学，命名为鲁汶天主教大学。由于很多知名学者在此任教，鲁汶天主教大学声望日增，成为欧洲的学术重镇，吸引了很多年轻人前来就读。

1517年，鲁汶大学成为人文主义历史上的一个里程碑。在这里，人文主义学者德西德里乌斯·伊拉斯谟（Desiderius Erasmus）、地图学学者赫拉尔杜斯·墨卡托（Gerardus Mercator）和哲学家尤斯图斯·利普

赫拉尔杜斯·墨卡托

修斯（Justus Lipsius）等杰出学者的教学和研究工作，引起了国际学术界的广泛关注。鲁汶大学还在排版和制图技术上成为欧洲发展的先驱，并在天主教改革中发挥了重要的国际传播作用。植物学家蓝伯特·多东斯（Rembert Dodoens）和现代解剖学之父安德烈·维萨里（Andreas Vesalius）都曾在鲁汶大学学习和执教。维萨里的曾祖父是鲁汶大学医学教授，而他的祖父和父亲均是神圣罗马帝国皇帝的宫廷御医。在这样优良的家庭背景下，他先后在鲁汶大学、法国巴黎大学和意大利帕多瓦大学修读美术和医学。在倡导独立思考和反对盲目崇拜权威的氛围中，维萨里形成大胆创新的思维。他突破传统人体解剖医学理论，在巴黎大学期间，努力钻研解剖医学。1537年，维萨里获得博士学位，并凭借卓越的医学才能，被帕多瓦大学聘为讲师，讲

授外科和解剖学。1543 年，维萨里出版了著作《人体的结构》。书中首次正确地描述了人体静脉和心脏的位置，改正了古罗马医学家盖伦有关肝、胆管、子宫和颈骨等解剖结果的 200 余处错误。近代医学也在此基础上逐步形成。《人体的结构》的重要性在于使用大量绘制精美插图，直接解释人体构造。令人遗憾的是，《人体的结构》原始版本及插图毁于 1914 年的大火。现仅存的两本是出版于 1600 年的第 2 版，收藏于牛津大学波尔丁图书馆。

鲁汶大学创建初期条件比较简陋，学生们坐在草垫上上课；一个世纪后，鲁汶大学的学生才享有正规的教室。16—18 世纪，鲁汶大学的教学模式渐渐转变，随着法国大革命与后来拿破仑的统治，它脱离了中世纪欧陆大学原有的价值观念，这种传统在牛津大学和剑桥大学得以延续。

鲁汶大学的档案记载了学校在中世纪以及更早期的悠久历史，但这些档案因法国大革命和拿破仑的入侵而被不断搬迁。1794 年，当法国军队接近这座城市时，大部分档案被转移到了国外（法国和丹麦）的安全地方。鲁汶大学解散后，1810 年，法国政府没收了储存在法国的所有档案，并把档案转移到布鲁塞尔的国家档案馆。另外，鲁汶大学的神学家、图书管理员扬·弗朗斯·凡·德费尔德为防止档案落入敌人之手，曾带走一部分档案作为私人收藏。可是这部分档案还是被法国人发现，并被添加到已没收的布鲁塞尔的档案中。一部分档案流入斯海尔托亨博斯（'s-Hertogenbosch）的神学院，直到1909年左右。1983年，这批档案再次成为鲁汶大学的财产。还有一部分档案被存放在根特主教管区神学院档案室，并于2001年移至鲁汶大学图书馆。

1797年，鲁汶大学因法国军队的入侵而解散，所有学院建筑都被拍卖或改变用途。因此1815年重新复校的荷兰国立鲁汶大学（Rijks Universiteit Leuven）与1835年恢复天主教传统的鲁汶天主教大学（Katholieke Universiteit Leuven/Université Catholique de Louvain），必须一点一滴地筹资买回旧有校舍与学院，将近200年来也只买回不到一半，其余不是被拆得七零八落，就是流入私人手中。

1870年的鲁汶大学图书馆（由鲁汶大学图书馆提供）

1914 年火灾

鲁汶大学图书馆从 1636 年的首任馆长起（由当时的主教乔尔任命），就开始不断收购藏书。除法国大革命后的 30 年因政治原因而被迫关闭外，鲁汶大学图书馆始终是知识和文化承传的重要地标，其藏书量也急速增加到 80 万册。

但谁会想到 1914 年 8 月由德国军队引发的一场小火灾，竟演变成一场大灾难？德军对鲁汶大学进行残暴蹂躏，在几小时内，德军烧毁了 30 万册珍贵古籍，包括举世罕见的 7750 份手稿，其中许多手稿的时间可追溯到 15 世纪 70 年代。这些手稿是独一无二的，完全不可替代的。手稿是关于新教改革期间比利时和荷兰宗教斗争中的印

1914 年的鲁汶大学图书馆

1914 年大火后的鲁汶大学图书馆

刷品。事实上直至今天，鲁汶大学图书馆仍在对这场大火烧毁的馆藏进行记录，并向其他大学及私人藏书家征集印有"鲁汶天主教大学"印章的书籍的下落。鲁汶大学图书馆的命运堪比古代亚历山大图书馆，用德国历史学家沃尔夫冈·希弗尔布施（Wolfgang Schivelbusch）的话来说，鲁汶大学是欧洲知识分子的萨拉热窝。

德国军队为什么要摧毁鲁汶大学？德国军队于 1914 年 8 月初入侵比利时，图书馆起火时他们已占领鲁汶一周时间。8 月 25 日夜间，德军一匹战马受惊脱缰引发混乱，德军士兵胡乱开枪射击。其后德军以"开枪者是比利时人"为由，决定放火烧掉鲁汶城。德军士兵入屋抢劫，捉拿市民当人质就地枪杀，并纵火将房屋烧毁。鲁汶大学图书馆也被德国兵纵火焚毁，美国侨民设法救出校长德贝克尔主教，并把他带到布鲁塞尔避难。

有人说火灾是由醉酒的德国士兵引起的，或许他们在幻觉中看到一座具有战略威胁的大楼。尽管很难看出一座装满书籍的古老建筑如何呈现出军事威胁，但正如俄国文学泰斗托尔斯泰在《战争与和平》中提出的，占据这座大城市的外国军队本身就是一种极端的危险。

火烧鲁汶的报道很快传遍了协约国和中立国，国际社会的压力迫使德军在 8 月 30 日停止了纵火焚城的行为。但是德国官方一口咬定火烧鲁汶的责任在于比利时一方，比利时"妇女和女孩都参加了战斗，挖我们伤兵的眼珠"。93 位著名的德国学者和教授，甚至包括诺贝尔奖得主、X 射线的发现者伦琴，发表联合声明，宣称从"军事需要"和"自卫"的角度出发，德国烧毁鲁汶的举动是正当的："说我们违法侵犯了比利时的中立是不正确的……说我们的军队野蛮地毁灭了鲁汶也是不正确的。"

这种摧毁图书馆的反文明行动，引发了国际抗议。1914 年 8 月 29 日，《泰晤士报》称，鲁汶是"比利时的牛津"，它是一座犹如被匈奴人侵犯的历史悠久的大学城。另外，英国古物学学会会长阿瑟·埃文斯（Arthur Evans）称这场焚烧鲁汶的行动是"同历史和后代作对"，并要求德国图书馆承担鲁汶或其他比利时学术和文化机构的损失。

1914 年 7 月 31 日，法国剧作家、历史学家和评论家罗曼·罗兰（Romain Rolland）正在瑞士日内瓦湖畔度假，他知道第一次世界大战爆发之后，在日记中写道：

罗曼·罗兰

这是一年中最晴朗的一天……在这样温柔的良辰美景中，欧洲各国人民开始互相残杀。

罗曼·罗兰在第一次世界大战中不断撰写文章，谴责帝国主义战争给人类造成的灾难，他成为交战国知识界中奋起反对这场帝国主义大屠杀的首批知名人士之一。1914年9月2日，罗曼·罗兰发表了《致霍普特曼的公开信》，严厉谴责德国学者面对德军罪行而采取的默许态度，呼吁各国知识界起来制止战争贩子的军国主义罪行（霍普特曼是德国文学的领军人物，他支持战争）。罗曼·罗兰写道，在鲁汶可以清楚地看到，普鲁士的战争机器不仅针对敌方部队，而且针对平民和文化遗产。罗曼·罗兰极力恳求霍普特曼选择做歌德，而不是做阿提拉精神的继承人。但霍普特曼拒绝罗曼·罗兰的这一请求，他回答说，德国人宁愿被视为"阿提拉的儿子"，也不愿意在墓碑上刻上"歌德的儿子"。1914年9月15日，罗曼·罗兰又在《日内瓦日报》上刊登了《超乎混战之上》一文，指出这场流血的战役必须立即结束，建议成立"最高道德法庭"来制止这场不义之战。

大火灾后一周，《泰晤士报》刊登了英国作家拉迪亚德·吉卜林（Rudyard Kipling）的一首名为《为我们所有的人》的爱国赞美诗，诗人描绘了"匈奴"肆意破坏这座人类文明殿堂的故事：

为我们能成为的和我们所拥有的一切

和我们下一辈的命运，

起立，选择这场战争，

匈牙利人已经到了大门！

我们的世界已经逝去，

被恣意翻转。

除了钢铁、火焰和顽石，

如今已没有什么留存。

尽管我们熟知的一切已经分崩离析，

那句旧时警句仍然成立，

让你的心中仍留有勇气，

让你的手用力高举。

又一次，我们听到那句

来自陷落旧土的言语：

"除了妄为出鞘的刀剑

没有其他法则可循。"

在疯狂驱使的敌人面前，

又一次人类被交织在一起，

又一次民族面临分裂

和同舟共济。

这个时代慢条斯理中获得的

安慰、满足和欢欣，

都在一夜中枯萎。

只剩我们自己

用沉默的勇气，

面对无遮无拦的日子，

经历所有的危险和惊慌

重建和复兴。

带我们走向我们的目标的

不是轻言的希望或谎言，

而是残酷的牺牲，

用肉体、意志和灵魂。

所有人只有唯一的任务、

唯一的生命可以付出和给予。

如果自由倒下，谁又能站立？

如果英国幸存，谁又会死去？

当年鲁汶大学教授、图书馆馆长德拉努瓦（P. Delannoy）曾向各界说：

> 鲁汶的大厅将从灰烬中再次升起。与过去一样，它将成为学习的中心，辉煌的过去是未来的保证。在建设一座新的、宏伟的图书馆时，我们不仅希望向教授和学生们恢复所有奖学金和科学工作所必需的资助，我们还希望向后代表明，德国知识分子必须承担这一最不理性和反文明的罪行的责任。另外，文明和思想正确的世界知道如何团结起来应对野蛮行为，并会庄严报复野蛮人曾无情地抢夺我们的知识和艺术遗产。

这一震惊世界的文化灾劫引发国际学术和文化界的回响。鲁汶大学图书馆在第一次世界大战中遭到破坏后，英国曼彻斯特的约翰·赖兰兹图书馆（John Rylands Library）与鲁汶大学图书馆建立起相互支持的网络。世界各地的大学图书馆，特别是约翰·赖兰兹图书馆领导了这场运动。图书馆馆长亨利·格皮

（Henry Guppy）呼吁为鲁汶大学图书馆补充已被烧毁的书籍，他希望通过对鲁汶大学的深切慰问及关注，让世人知道德军的野蛮行径。亨利·格皮回忆道：

约翰·赖兰兹图书馆馆长亨利·格皮（由约翰·赖兰兹图书馆提供）

……很多学术团体和主要出版商决心参与我们的计划，这是一个非常鼓舞人心的响应，并且在1916年由英国皇家学院组建了一个国际组织，给予了新的推动力。当我们的呼吁传到美国时，受到了最热烈的响应，我们在美国的朋友，在1918年11月11日签署停战协议时，首要措施之一就是重建图书馆。1921年，一位美国建筑师沃伦重新设计了鲁汶大学图书馆，鲁汶当局非常感激地接受了这一提议，并立即觅地准备，其基石是在1921年6月21日奠定的。

鲁汶大学图书馆向公众展示的受毁证物（由约翰·赖兰兹图书馆提供）

四年间，通过全世界学术机构的热切合作和慷慨解囊，并在藏书家协会（Societe des Bibliophiles）的帮助下，鲁汶大学图书馆收集和分类超过 8 万册图书。法国学会和由穆尔麦·肯兹勋爵主持的英国委员会在 3 年内不停地向世界各地图书馆呼吁收集书籍。除了许多珍贵的书籍和私人来源的手稿外，还增加了从英国和美国寄来的 6 万多册图书。加拿大、意大利、瑞士、西班牙、丹麦、日本、荷兰、瑞典和捷克政府也以实物和金钱赠送礼物支持重建图书馆。

1921 年，美国建筑师沃伦重新设计了鲁汶大学图书馆，新图书馆于 1928 年 7 月 4 日开放。图书馆建在城镇最高处一个壮丽的山顶上，从这里可以俯瞰人民广场（Place du Peuple），此处是 1914 年德国入侵鲁汶大学的要塞。图书馆没有试图复制被毁坏建筑物的原状，其建筑风格恰好与 17 世纪弗拉芒文艺复兴时期的风格相同。这是一座宏伟的建筑，让人想起弗拉芒艺术最纯粹的传统。建筑的全部费用由美国人民通过一个有影响力的国家委员会支付，他们不仅提供了数百万美元，而且富有先见之明，还向当局提供了 12.5 万美元的额外款项作为维护建筑物的经费。新图书馆的主要入口处立有一座圣母雕塑，有两个盾牌分别刻着比利时和美国的国旗。在石板屋顶的底部有一栏

杆，栏杆上挂着一块牌子，上书铭文：*Furore Teutonica Diruta,
Dono Americano Restituta*（被德国人愤怒摧毁的，由美国人慷慨
恢复）。但是 2 个月后大学校长否决了这个铭文，担心铭文触动
德国人的报复心理。

1940 年火灾

1919 年《凡尔赛条约》签订，其中第 247 条特别规定了德
国要在 13 个月内向赔偿委员会交出与被毁数量和价值相同的珍
本、古代手稿和地图等。从 1920 年到 1933 年，德国政府从 40
家德国私人图书馆内购买的图书，被送往鲁汶大学。此外，还
有来自德国国家图书馆、慕尼黑巴伐利亚州立图书馆等地的 19
世纪馆藏，丰富了旧图书馆藏书。德国人履行了义务，他们只
是在 1923 年中断了书籍交付，以抗议比利时和法国军队占领鲁
尔地区。实际上，直到 1939 年，德国仍在继续每月交付图书。

鲁汶大学也在积极重建、扩充校园，添置新设施，并兴建
了新的大学图书馆，也买下了世界文化遗产——大贝居安会院
（Groot Begijnhof）和阿伦贝格城堡作为学校新地标。然而 1940
年 5 月 16 日，德军入侵比利时，鲁汶大学图书馆第二次遭到战

火洗劫。图书馆重新开放不到 12 年，再次被火焰吞噬，馆内第一次世界大战后各国捐赠的 90 万册藏书和手稿被烧毁。

鲁汶大学图书馆为什么再次成为袭击目标？战后的 1946 年，一位图书馆守卫员在一场战争公开听证会上忆述：灾难发生的前两天，两名德国士兵企图闯入图书馆，但被制止了。

1940 年大火后的
鲁汶大学图书馆

原来德军在情报中获悉英军部署了多名狙击手隐藏在图书馆的屋顶上，观察德军的行动。另一个原因是图书馆的建筑及碑文是德国的羞耻与伤痛。德国为了嫁祸给英国，声称英国人在地库安放了十多枚炸弹，并且纵火烧了图书馆。

图书馆发生了两次大火，严重损坏了大楼的主体部分。馆藏书籍中约有四分之一的图书被抢走或烧毁，包括珍本书籍和报纸。火灾毁坏严重，所有政府档案、地图和照片都被毁了。国家图书馆内的手稿也遭受了德军的严重破坏，包括 1518 年版托马斯·莫尔的伟大而神秘的《乌托邦》（*Utopia*）和 1610 年伽利略的《星际信使》（*Sidereus Nuncius*）。在《星际信使》的

《乌托邦》书页   《星际信使》书页

最后一部分，伽利略报告了发现的 4 个天体，即靠近木星、排成一条直线的星球。由此，伽利略确信 4 颗卫星都围绕木星的轨道运行。另外书中还包含了 70 多幅月亮和星星的图画，《星际信使》是天文学史上最伟大的书之一。英国报纸把这次火灾称为"鲁汶的灾劫"（The Sacking of Louvian），并称人类历史文明的知识宝库遭到无情的浩劫，其影响还会蔓延几代人。战后，1945 年大学图书馆再次重建。2013 年，鲁汶大学图书馆从 1425 年至 1797 年的档案被列入联合国教科文组织世界记忆名录（UNESCO Memory of the World Register）。因鲁汶大学在 18 世纪曾被废除，这些极其宝贵的档案被移至布鲁塞尔和巴黎等地。其中最重要的档案是 1425 年建立大学的教皇诏书，里面详细说明了大学的任命权。1909 年，这份档案被归还给档案馆，然而5 年后它在德国军队烧毁鲁汶大学图书馆的行动中丢失了，直到1945 年再次物归原主。

现在的鲁汶大学图书馆

结语

鲁汶大学图书馆的两次灾难，值得我们思考。过去几百年里，人类对文物的保护观念是如此淡漠，人类任意毁坏它们，又把它们当作战利品以显示胜利者的声威。而在过去的战争法中，有没有条文能够保障战败国的文化遗产免受破坏？有没有一个仲裁机构去评估这些战利品，以及对它们作出应有的法律保护？

现存的文献中，被最多人引述和讨论的便是 16 世纪国际法之父胡果·格劳秀斯的《战争与和平法》，他认为"必要性"是评估战争行为对错的唯一标准，但也规定了一些应免受破坏的对象，如建筑的柱廊、雕塑等有艺术价值的东西。1792 年，法国政治形势迅速恶化。巴黎骚乱后，激进的雅各宾派掌权，他们下令损毁象征封建专制的古迹，只有经古迹委员会认定具有重大艺术价值而须保存的古迹才能免于破坏。1793 年，法国大革命进入失控的暴乱状态，"革命开始吞噬它自己的子女"，大量文物古迹惨遭破坏。1796 年，拿破仑远征意大利，洗劫了大量文化珍宝带回巴黎，系统性地劫掠外国文化珍宝，甚至成为拿破仑战争期间法军的常规行为。法军的行径促使欧洲各国乃至世界其他地区文化主权意识的形成与加强。直至 19 世纪，各国的文化保护意识才大大提高，人们开始认为掠夺文化财产违反国际法，应受到谴责与制裁。1813 年，克罗克法官判决英国返还劫掠意大利的一幅古画时，掷地有声地宣布：

对于所有文明国家而言，艺术、科学作品以及具有历史意义的物品都应免于战争的影响，应受到珍视与保护。它们不应仅仅被视为这个或那个国家的独有财产，而应被视为全人类的共有财产，属于全体人类的共同财富。原告提出返还这类财产的主张符合全体文明国家所遵守的万国法。艺术、科学作品以及具有历史意义的物品是免于战争影响的，应受到珍视与保护。

渐渐地，更多法律条文的出台让文化遗产受到尊重、得到保护。1863 年，美国的《利伯守则》是最早一部系统规范战争行为以保护文化财产的法规。而 1874 年的《布鲁塞尔宣言》和 1880 年的《牛津手册》，均令国际社会在保护文化财产的方向上迈向新的台阶，而《海牙公约》体系得到国际社会的普遍承认，但也有所不足。第一次世界大战后，《凡尔赛条约》第 247 条对文化财产的观念予以强化。第二次世界大战后，联合国教科文组织成立，属下的小组及相关机构制定了文物财产保护、归还和赔偿条文。

1990 年后，更多国家尝试寻求双方达成协议的办法，商讨文物遣还及赔偿等问题，但过去几百年的纷争不会一时解决，这是一条漫长的道路。正如大英博物馆至今仍不肯归还雅典帕特农神殿的埃尔金大理石石雕（Elgin Marble），而俄罗斯冬宫仍收藏着 4000 多件从纳粹德国抢夺的艺术品。这进一步说明了文物遣还的复杂与困难。

第四章　东方图书馆的炸毁：近代中国图书馆史上的浩劫

炸毁闸北几条街都不打紧，不出多长时间他们就会重建，只有炸毁了商务印书馆，他们才会万劫不复。

——日本海军将领盐泽幸一

1932 年 1 月 29 日上午，日军轰炸机突袭上海，向商务印书馆所在区域连续投弹，将其印刷厂、编译所、东方图书馆等设施全数炸毁。"东方图书馆中的涵芬楼，连同它所庋藏的所有善本珍籍，尽付劫灰，其损失非金钱所能计，实为世界文化史上莫大浩劫。"（《申报》1934 年 2 月 6 日）东方图书馆曾享有"东亚闻名文化宝库""亚洲第一图书馆"的美誉。它的前世今生和它的藏书一起，永远是爱书人关注的话题。

商务印书馆

商务印书馆创立 120 周年之际推出的
新书《典瑞流芳——民国大出版家夏瑞
芳》中所述，1897 年 2 月 11 日，夏瑞芳、
鲍咸恩、鲍咸昌和高凤池等几个年轻人筹
得 3750 块大洋，于是商务印书馆就在上
海一个叫德昌里的弄堂里开业。夏瑞芳经

夏瑞芳

营商务印书馆 17 年，而记载他的文字却不多。夏瑞芳近乎湮没
无闻的生平经历与他在现代出版史上的伟大建树之间落差巨大，
他成为出版史上的"失踪者"。

1897 年创办的商务印书馆，早期因
图书质量不高无人购买，亏本近万元，
直至 1902 年张元济的正式加盟，经营
情况才大为改观。张元济代为审阅书
稿后发现图书质量确实不高，因此夏瑞
芳认为必须自设一个编译所，张元济推
荐蔡元培为编译所所长，主持教科书的

张元济

编辑工作。商务印书馆由一个小印刷厂转变为真正的出版企业，

在很大程度上得益于编译所和资料室的创建。1903年，蔡元培辞任后由张元济出任编译所所长；次年，张元济开始筹建编译所图书资料室。张元济在《涵芬楼烬余书录》的序中写道：

> 乃度工厂前宝山路左蠹所置地，构筑层楼，而东方图书馆以成，举所常用之书实其中，以供众览。区所收宋元明旧刊暨钞校本、名人手稿及其未刊者为善本，别辟数楹以贮之，颜曰"涵芬楼"。

他写道：

> 余既受商务印书馆编译之职，同时高梦旦、蔡孑民、蒋竹庄诸子咸来相助。每削稿，辄思有所检阅，苦无书，求诸市中，多坊肆所刊，未敢信，乃思访求善本暨所藏有自者。

张元济是中国近现代出版史上的重要人物。他负责出版过众多教科书、工具书、古籍、期刊，并翻译了大量外国学术与文学名著。为此他于1904年设立编译所图书资料室，并广泛搜购图书资料，找寻善本秘笈，供编译所同人参考。当时商务印书馆以出版教科书和西方哲学名著为主，同时也收藏外文图书。张元济凡遇国内各家藏书散出，总是亲自尽力搜罗；日本、欧美各国每年所出新书，亦总是尽量购买。但是在 1906 年计划收购皕宋楼藏书时，却因流动资金不足，张元济无奈目睹这批珍本被日本静嘉堂文库收藏买入。这批汉籍的东移，在中日两国近代史上是一件引人注目的大事。

皕宋楼藏书来自藏书家陆心源，他收集了太平天国战争期间流出的宋元旧刊共 4.8 万余册。陆心源的皕宋楼与聊城杨氏海源阁、丁氏八千卷楼、瞿氏铁琴铜剑楼齐名，为清末四大藏书楼之一。皕宋楼书目吸引了日本汉籍目录学家岛田翰的兴趣，为此他数次拜访陆氏藏书，他在《皕宋楼藏书源流考》中记述当时的感受：

乙巳丙午之交，予因江南之游，始破例数登陆氏皕宋楼，悉发其藏读之。太息尘封之余，继以狼藉。举凡异日之部居类汇者，用以饱蠹鱼。又叹我邦藏书家未有能及之者，顾使此书在我邦，其补益文献非鲜少。遂怂恿其子纯伯观察树藩，必欲致之于我邦。

岩崎氏之静嘉堂获得消息后，决定收购这些藏书。静嘉堂委派重野成斋到上海同陆心源之子陆树藩会面洽购，议价从 50 万元降至 35 万元，最后竟然以 10 万元成交。1907 年 6 月，清末收藏文献典籍的宝库皕宋楼、十万卷楼、守先阁的旧藏珍本 4146 种，合计 43218 册落入日本藏书家手中。

虽然购书未果，仍可见张元济爱书之心。而珍本的流亡海外，更使张元济在搜集、保存藏书之外，增添了抢救和保护文化遗产的使命感，他欲通过整理、影印古籍来弥补这一遗憾。1928 年，张元济被破格允许参观日本静嘉堂藏书时，仍念念不忘要借回古籍影印。

中年的张元济每次去北京，必定带回各种古籍图书，其中不乏善本。为了妥善保存这些珍贵文献，1907 年，商务印书馆位于宝山路的新办公大厦落成时，于三楼专设收藏古籍文献的图书资料室。1909 年，孙毓修受张元济委托，将图书资料室命名为"涵芬楼"，取"善本书香，知识芬芳"之意。

涵芬楼

在张元济"求之坊肆，

丐之藏家"的努力下，资料室的藏书日益增多。为了方便管理，商务印书馆在 1909 年成立专门的部门——图书馆，并聘请版本目录学大师缪荃孙的弟子孙毓修管理。孙毓修主持选购旧书、鉴定版本、修补残书、配抄缺本等工作，成为张元济管理图书馆的理想助手。另外，孙毓修制定了《借阅图书规则》和涵芬楼最初的善本书目，完善藏书制度。因影印技术的发展，复制古籍变得更为容易。张元济把握辛亥革命这个收购古籍的机遇，陆续购入秦汉十印斋、盛氏意园、丁氏持静斋、顾氏谀闻斋等著名藏书楼散出的大量精品藏书，还有溧阳端氏、江阴缪氏、巴陵方氏、海宁孙氏零星散出的藏书。张元济在搜求古籍中有机会与许多藏书家交流版本知识、建立友谊，获得了藏书家的信任，从而又采取"抄书"等形式向公私藏书家移录副本，以扩充涵芬楼藏书。涵芬楼所藏善本主要在 1916—1924 年间购进。

为增加销售量和建立品牌，1916 年 9 月孙毓修出版了《涵芬楼秘笈》第一集，共八册。其中影印了三种珍罕古籍，排印了一种明代抄本，这些珍藏古籍是首次大量印刷，孙毓修在总序中写道：

涵芬楼以公司之力，旁搜远绍，取精用宏，收藏最富。

悯古本之日亡，旧学之将绝，出其宋元善本，次第摄印，汇入《四部举要》，成古今未有之丛书。复以旧抄、旧刻零星小种，世所绝无者，别为《秘笈》，仿鲍氏《知不足斋丛书》之例，以八册为一集，月有所布，岁有所传，其用心亦勤矣。采用新法流传古本书之善而卷之多，尤前人之所不及，而为著录家别开生面者也。

序言精确评述古本影刻与影印的源流与异同，当时的商务印书馆已经能够熟练运用摄影技术复制古本，以其逼真还原的技术优势，超越并替代了耗时耗资皆巨的影刻古本之法。这里提到的《四部举要》，即《四部丛刊》，作为商务印书馆流传最广、声名最著的古籍影印丛书，当时虽尚未印行，但已然在筹划之中了。《涵芬楼秘笈》与《四部丛刊》（初编于1919—1922年间印行）明显有前后承续的某种联系。

"涵芬楼"的名字还被一些编辑用来代称商务印书馆，因为它是编辑人员经常工作和学习的地方，可见涵芬楼在编辑心目中的意义。茅盾在1916年进入商务印书馆的理由是："在此不为利不为名，只贪图涵芬楼藏书丰富，中外古今齐全，借此可读点书而已。"此外，蔡元培、蒋维乔、杜亚泉、胡愈之、叶圣陶、郑振铎、朱经农、竺可桢等文人雅士，也为商务印书馆史留下了光辉的一页。

涵芬楼不只收藏商务出版的所有书刊，还收集了其他书局和出版社出版的英文、日文书刊。据茅盾回忆，那时"编译所图书馆里英文书很多，不过杂乱无章。它藏有全套的有名的《万人丛书》（*Everyman's Library*）……以及英国以外的文史哲名著的英译本，从希腊、罗马直到易卜生、比昂逊等。另有一套美国出版的叫《现代丛书》（*Modern Library*），性质与《万人丛书》同"。而杂志方面包括当时最流行的《我的杂志》（*My Magazine*）和《儿童百科全书》（*Children's Encyclopedia*），是提供中学知识的通俗读物。

东方图书馆的成立和焚毁

有关东方图书馆成立的因由，张元济本人并没有做过太多的解释，仅在两篇文字中约略提及：一是他在 1926 年 3 月的《东方图书馆概况》中写道："光绪戊戌政变，余被谪南旋，侨寓沪渎，主南洋公学译书院，得识夏君粹方于商务印图书馆。继以院费短绌，无可展开，即舍去。夏君招余入馆任编译，余与约：

'吾辈当以扶助教育为己任。'夏君诺之。"二是他于 1926 年 4 月 26 日致商务印书馆董事会的辞呈中说:"昔年元济罢官南旋,羁栖沪上,获与粹翁订交,意气相合,遂投身于商务印书馆。"

1922 年,商务印书馆成立图书馆委员会,以 14 万元购入马路对面一处空地,建造了一座五层高大楼,定名东方图书馆。到了 1924 年议定图书馆办事章程,委任当时的编译所所长王云五兼任馆长。

图书馆大楼于 1924 年建成,那时上海宝山路两旁,商务印书总馆与东方图书馆"两厢对峙"。商务印书总馆有 80 余亩厂区、4 座印刷厂,厂房之间有宽阔的水泥路相通。东方图书馆在当时是上海华界的最高建筑,是那个时代上海标志性的文化建筑。同年 4 月,印度文豪泰戈尔在诗人徐志摩的陪同下,出席郑振铎、戈公振、刘海粟等人在北京路功德林素菜馆为他举行的欢迎晚宴。对此《东方图书馆纪略》有所记述:

> 上海各界代表和英美人士约一千二百多人,曾在宝山路商务印书馆的东方图书馆为诗人举行盛大的欢迎会。会场门口用松柏树枝粘连而成"欢迎"两字,内部四壁悬挂着中国古画以及用松柏交叉做成的彩条和彩球,主席台上

也用同样的方法织成"欢迎"两字，台前则摆放着十余盆鲜花。当泰戈尔出现在会场上时，乐队奏起优美的音乐。

1926年5月2日，东方图书馆正式对社会公众开放。商务印书馆举行了隆重的开幕式，据次日的《申报》报道，当时"车水马龙，均为参观而来，人数达千余以上，内并有西人数人"。东方图书馆同时也是张元济为纪念商务印书馆建馆30周年而精心准备的厚礼（另一个则是未能如愿的《四库全书》影印本）。5月3日起每天下午2点到5点、晚上6点半到9点半为公开阅览时间，为大众提供方便。不久，编译所也迁入其中，门口并列"东方图书馆""商务印书馆同人俱乐部""商务印书馆编译所"三块招牌。

东方图书馆

开馆当天统计馆藏总数为古籍 79713 册，包括：古籍 4 万册；地方志 2641 种（共 2.5 万册）；商务印书馆出版的整套"本版图书"；15 世纪前的西洋古籍；多套完整的中外期刊，如《时报》《大公报》《新民丛报》，以及荷兰的《通报》（*T'ung Bao*）、英国亚洲文会的《学

东方图书馆馆藏刊物《通报》

报》（*Journal of the North China Branch of the Royal Asiatic Society*）、《中国丛报》（*Chinese Repository*）等。东方图书馆馆藏图书迅速递增，全因董事会每年拨款 5 万元用于购买图书和日常开支。馆长王云五把图书馆的书分为两部分：珍本善本和一般中外图书，前者供内部使用，后者对外阅览。一楼为商务出版物陈列；二楼为阅览室，陈列中西图书两万余种，供读者自行取阅；三楼仍命名为涵芬楼，专门收藏善本古籍；四楼和五楼为书刊库房。

1927 年，东方图书馆一

东方图书馆书库

度被军阀占据，商务印书馆工人 400 余人参加了武装起义。在这样的紧张形势下，张元济非常担忧涵芬楼所藏古籍图书的命运，为了保护好这批费尽辛苦搜集到的先民撰述，他在涵芬楼所藏众多善本中又选出 500 余种（5300 余册）"好书"，存放于租界金城银行地下保险库内。张元济在《涵芬楼烬余书录》中写道："北伐军起，讹言日至。东方图书馆距沪宁铁道车站不半里，虑有不测，乃择其尤者移存故租界金城银行保管库中。"

1929 年 11 月，王云五在无锡民众教育馆作关于图书馆学的演说，特意介绍开架阅览的好处，一可以节省图书馆员用于借还图书的时间，二可以免去某些读者害羞的心理。东方图书馆原先设中文、西文和总务三部。图书馆还在 1928 年开设儿童图书馆，有西式平房 5 间，为适应小学生阅览，每天下午 3 点到 6 点开放。可惜这座收藏知识的宝库在 3 年后被无情的炮火摧毁。

1932 年 1 月 28 日，中国军队奋起抵抗日军对上海闸北的进攻，日军出动 20 多架飞机狂轰滥炸闸北区，商务印书馆多处中弹后着火，印刷机械全

东方图书馆开设的儿童图书馆

部烧毁。2月1日，当时被誉为"中国最大之私人图书馆"（《申报》1926年5月1日）的东方图书馆也"悉数被焚，殊为痛惜"（《北平晨报》1932年3月17日）。

据《粤园笔记》记载：

是役也，凡毁中文书籍二十六万八千册，宋版一百二十九部，元版一百七十九部，明版一千四百四十九部，清版一百三十八部，抄本一千四百六十册，批校本二百八十八册，乃搜罗会稽徐氏、长州蒋氏、太仓顾氏、丰顺丁氏、江阴缪氏诸家藏书之精华，其他全国各省府厅州县志，俱极完备，中有元本二种，明本一百三十九种，皆荡然无存。……东西文书八万册，有十五世纪前所印之西洋古籍图照五千余种；内有罗马教皇凡的康所藏明末唐王、太后、太子及司礼太监皈依天主教皇之影片，闻系张菊生先生游罗马时，重价购得。一又，荷兰出版之《通报》、英国亚洲学会出版之《学报》、德国出版已达百年之《李比希化学杂志》……等，殆为远东孤本。国内杂志，则有《外交报》《新民丛报》《国闻周报》全份。以上种种损失，其价值殊难加以估计。

东方图书馆被焚的书籍中，外文书籍占有很大比重，也很珍贵。如公元 15 世纪前所印西洋古籍（Incunabula）珍品多卷，荷兰出版的《通报》、英国亚洲文会出版的《学报》、德国出版的《大亚洲》（*Asia Major*）等杂志；福州和上海出版的《教务杂志》（*Chinese Recorder*）及 1832—1851 年间香港出版的久已绝版的《中国丛报》、英国出版的《哲学评论》（*Philosophical Review*）等杂志全份；东方图书馆所藏德国出版一百多年的全套《李比希化学杂志》（*Liebig's Annalender Chemie Und Pharmacie*）为远东唯一孤本，最为珍贵。

商务印书馆作为中国文化的大本营，遭到了日本军国主义者的记恨。"一·二八"事变期间，日军轰炸上海，锁定了四家目标必须要摧毁，其中三家是上海自来水厂、上海发电厂和中国银行，摧毁了这三家机构，老百姓的生活、工业就陷入瘫痪，中国就失去了抵抗能力。第四家则是商务印书馆。

商务印书馆和东方图书馆的损失总计为 1633 万元。东方图书馆中大量珍本古籍，其中不少是海内孤本，不可复得。东方图书馆的损失其实很难用金钱来衡量。因此有人认为东方图书馆被毁，是中国近代图书馆事业史上的一个大灾难。

事后，张元济站在废墟前泪流满面，拄着拐杖说："都怪我，如果我不把这么多的书集中在当时亚洲最大的图书馆——东方图书馆，就不会有今天之难。"

轰炸后的商务印书馆

这场浩劫，除了东方图书馆及同济大学、中国公学、复旦大学、上海法学院、持志学院等处所藏典籍各有不同程度的损失外，藏之于私宅的

轰炸后的东方图书馆

典籍也劫数难逃。如当时在商务印书馆供职的英文专家周越然、时任教育部华侨教育设计委员会委员的刘士木，他们"或搜自外国，或得之南洋"的"海内孤籍或宋椠善本""尽付祖龙一炬"（《申报》1932年6月6日）。

日军轰炸商务印书馆跟轰炸其他地方不一样，用的是燃烧弹，第二天又有日本人拿着火把来继续焚烧。据史料记载，纸灰在上海的上空飘落数日不散掉。东方图书馆被焚后，中外社会各界纷纷表示惋惜，支持商务印书馆复兴东方图书馆。商务印书馆领导层遇此灾难，没有一蹶不振，而是积极从事复兴。仅一年后，复兴取得了相当成效，企业已有盈余。

1933年4月，商务印书馆董事会通过了《东方图书馆复兴委员会章程》，决心重新建设东方图书馆。董事长张元济向胡适表示，如果不从事复兴，"未免太为日本人所轻。兄作乐观，弟亦不敢作悲观也"。商务印书馆总经理、东方图书馆馆长王云五在1934年发表的《两年中的苦斗》中说：

> ……敌人把我打倒，我不力图再起，这是一个怯弱者。……一倒便不会翻身，适足以暴露民族的弱点，自命为文化事业的机关尚且如此，更可为民族之耻。……这个机关三十几年来对于文化教育的贡献不为不大；如果一旦消灭，而且继起者无人，将陷读书界于饥馑。凡此种种想念，都使他的决心益加巩固。他明知前途很危险，但是他被战场的血兴奋了，而不觉其危险。他明知前途很困难，但是他平昔认为应付困难便是最大的兴趣，解决困难也就是最优的奖励。

东方图书馆复兴委员会主席为张元济，常务委员王云五、蔡元培，委员陈光甫、胡适、李荣（L.Lion）、盖乐（Esson M.Gale）、张雪楼（C.J.Chancellor）、嘉璧罗（A.Kapelle）等人。鉴于编译所工作需要和外文书籍在"一·二八"事变中被大火焚毁殆尽的情况，复兴委员会格外重视外文书籍的征集。外籍委员在图书馆复兴过程中功不可没，其中德国外交部和德国科学界、实业界的赞助尤为突出。德国总领事嘉璧罗带领德国文化团体向上海捐赠3000余种图书，转给东方图书馆复兴委员会。

德国驻上海总领事在赠书仪式上指出德国政府赠送书籍是要感谢第一次世界大战期间及战后中国政府的友好态度，他说："德国并未忘记（一战时）贵国对诽谤德国的宣传始终未曾参加；德国也未忘记贵国对于德国军士如宾客般的待遇；德国亦未忘记贵国欧战后对放逐德国男女童孩一事，亦未曾参加。"东方图书馆复兴委员会对德国捐赠的图书举办了公开展览，捐赠图书中包括1801—1930年德国出版的《医学通鉴》。

继德国之后，1935年6月6日，法国驻沪总领事博德斯代表上海法租界公益慈善会，捐赠了1500余种法文名著给东方图书馆复兴委员会，商务印书馆对这次捐赠仪式极为重视，邀请国民政府要员参加捐赠仪式，包括汪精卫、褚民谊、上海市长吴铁城的代表洪芰龄，以及蔡元培、李石曾、伯希和等名流，参与捐赠仪式的还有各国驻上海学术团体代表、公益慈善会会员、东方图书馆复兴委员会委员、中外报馆通讯社记者等300人。此次捐赠书籍于7、8两日在法租界公董局公开展览。商务印书馆回赠法国方面影印《四库全书》珍本一部。法国总领事代表致辞时表示："法租界公益慈善会致赠图书于东方图书馆，深引为幸，中法文化之沟通，将因此更得一进境，而两国友谊，亦藉此益显其密切。"

1941年12月8日，日军占领公共租界与法租界，12月19日就迫不及待地对商务印书馆等五家书局进行地毯式"检查"，规定凡是重庆国民政府允许发行的教科书、涉及反日反满和宣传抗日的书籍一概没收。结果，根本识不得几个汉字的日本宪兵只要看到"苏联""日本""国难"等词语，不论具体内容是什么，就一律抄没。商务印书馆因此再遭劫难，多达462万册图书被日本占领当局没收。

由于1932年"一·二八"事变中，商务印书馆出版部的出版记录卡片全部被毁，致使复业后重印书的印次无法与以前的印次衔接，于是用"国难后第一次"重新开始记录印次。凡是在"一·二八"事变后重印的书版权页上都印有"国难后第几次"字样，因此几乎所有图书都被日本宪兵认定为抗日排日的读物，统统遭殃。连日本人事后都承认，真正的抗日书籍"只占极少的比例"，但大多数书籍仍然没有归还商务印书馆，反而胡乱堆放在同一仓库，计划将其中一部分图书化为纸浆。

烬余之书

涵芬楼烬余之书，所存宋刊93部、元刊89部、明刊156部、钞校本192部、稿本17部，总计547部，共5000余册。其中，涵芬楼有21册《永乐大典》，是张元济在1929年之前收得的，其中有10多册来自蒋氏密韵楼，书上除其他私家藏印外，都有"涵芬楼""海盐张元济经收"印，因此极为珍贵。《永乐大典》是明代永乐年间（1403—1424）明成祖朱棣命太子少师姚广孝和翰林学士解缙主持的中国古代规模最大的一部类书。《永乐大典》的永乐年间的抄本早已不存，现今所

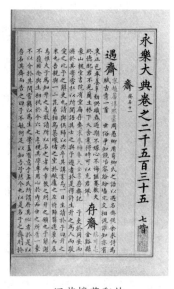

涵芬楼藏印的
《永乐大典》书页

存为明嘉靖间抄的副本，600 年中《永乐大典》历经沧桑，目前所知仅存 400 余册。但即使残缺不全，《永乐大典》仍受到近代藏书家的重视。

据商务印书馆《董事会记录簿》提案：

本公司旧日涵芬楼及东方图书馆藏书名闻世界，自经"一·二八"兵燹以后，烬余之数不逮百一，至为可痛。兹查有《永乐大典》为十四世纪吾国有名之官书，在文化上极有价值，频经劫乱，毁佚殆尽。本公司前经搜得二十一册，幸尚保存。谨按二十一册之中，所录有《湖州亲领各县志乘》，有《冀州疆域沿革》，有《元一统志》，有《周易兑卦诸家解说》，有《孟子诸家注》，有《骨蒸证治》，有《寿亲养老书》。尤以《水经注》前八卷之四册，卷次联贯，最为难得。清代《四库·水经注》即从此出，亦即武英殿聚珍版《水经注》之底本。其后七卷现由北京大学收藏，可以完全配齐。我公司本努力文化之旨，似宜将此珍籍捐献政府典藏，以昭郑重。兹特向贵会建议，敬请公决。如蒙通过，再由公司具呈，献与中央人民政府，恳其收纳。

《中国国家图书馆百年纪事》记载了 1951 年 7 月 23 日"商务印书馆董事会将所藏 21 册《永乐大典》捐给中央人民政府"之事。该馆馆藏档案存文化部文物局 1951 年 8 月 13 日通知:"商务印书馆将《永乐大典》21 本捐献国家,即拨交交你馆庋藏,特此通知。"除通知外,另有同年 8 月 6 日的交接清单,因此,商务印书馆所藏的 21 册《永乐大典》转入北京图书馆的日期当为 8 月 6 日。

1953 年,经张元济提议,商务印书馆董事会通过,涵芬楼这批仅存的"烬余"善本,连同恢复后的东方图书馆藏书,全部捐献给了中央人民政府文化部。后来这批图书被收藏于北京图书馆(现国家图书馆)。1953 年 2 月 9 日,沈季湘、丁英桂、穆华生护送这批藏书乘火车运抵北京。北京图书馆派员至车站迎接,并将全部藏书转至北京图书馆善本部。次日,沈季湘、丁英桂、史久芸前往文化部拜访郑振铎和北图善本部主任赵万里等人,汇报与北图有关人员点交善本书事。近半个世纪过去,2000 年 11 月,国家图书馆出版社将《涵芬楼秘笈》重新出版,为后世文化爱好者增添了一份宝贵的文献记录。

第五章　西班牙内战中的文化人和图书

在历史的长河中，图书必将是赢家，愚蠢之人终将被人们甩在脑后，理性的判决会对这些叛乱者的所有聒噪与咒骂进行清算。

——英国小说家赫伯特·乔治·威尔斯（H.G.Wells）

想象一下 1936—1939 年西班牙内战中，人类文化遗产被破坏的境况：数万本书，被从一间间图书馆的书架上抽出来后，遭到集体销毁。这个曾经的欧洲文明之国，因意识形态的对立，导致一大群作家遭到镇压，性命危在旦夕。

为了对抗镇压，图书馆工作人员、出版商和报纸编辑加入了这场文化保卫战。不幸的是，图书还是难逃一劫，它们在战火中被抢夺、烧毁。其中，被抢夺的部分图书、档案和文献更要等到佛朗哥逝世后，才慢慢回到原来的地方，但仍有很多还未找回，仿佛在历史的黑洞中漫游。

西班牙内战引发世界文化界的回响，人们以不同的形式表达自己的愤怒和抵抗之心。英国作家乔治·奥威尔（George Orwell）在回忆录《向加泰罗尼亚致敬》中，描述他参加当地民兵组织支持西班牙人民的经历。当时，在智利驻西班牙马德里领事馆工作的诗人聂鲁达也卷入了这场国际运动，他用诗歌表达对反抗独裁的志愿军的赞美：

因为你们舍身而把新生命注给失去信念的空虚的心，对大地的信赖，而挨着你们的丰饶，挨着你们的崇高，挨着你们阵亡的战友……一条无涯的河流在流动，有钢和希望的鸽子盘旋。

著名科学家爱因斯坦也赞扬了西班牙人民的英勇行为，他说：

在这个时代让我们维持对未来的希望的，就是西班牙为了自由和人类尊严的英勇行为。

美国作家海明威创作了小说《丧钟为谁而鸣》，书中讲述了西班牙内战中一个美国士兵的故事。他在《悼念在西班牙阵亡的美国人》一文的最后写道：

> 死者无须站起来，他们已是大地的一部分。大地是永不可被征服的，它比任何暴政制度还要长命，大地将永垂不朽……没有人比在西班牙阵亡的人还要光荣地入土，他们已经完成了人类的不朽。

西班牙书籍的破坏和"净化"

佛朗哥政权是独裁专制的政权，其影响长达 40 年，涉及西班牙社会的各个方面。集中营和监狱是为人所知的政治压制手段，而文化压制包括审查和控制信息传播、摧毁出版物、清理和关闭图书馆、禁止试图影响西班牙社会的"敌人"的思想和作品。

回望古今中外的文明史，焚书往往成为专制统治者的一种常规仪式。1933 年，希特勒上台 3 天后，所有进步出版物都被禁止。5 月 10 日，纳粹政府在柏林歌剧广场烧毁了 2 万余册图书，其中包括斯蒂芬·茨威格、伏尔泰、爱因斯坦、弗洛伊德、恩格斯、雷马克、亨利希·曼、安德烈·纪德和罗曼·罗兰的作品，史称"书籍大屠杀"。1933 年 5 月 10 日至 6 月 21 日，德国其他城市相继发生了 30 次类似的焚书事件。

在佛朗哥统治时期，一场叫作"书本恐惧症"的瘟疫在西班牙扩散。西班牙的大学校园内，文化压制无处不在。1934 年，人们在中央大学的旧果园里庆祝书市节，但这不是一般的书展，而是将那些"笨拙和有毒害"的书籍公开销毁的活动。集会支持者之一、法律教授安东尼奥·卢纳谴责了自由主义者、马克思主义者、悲观主义者、现代主义者、黑人、反天主教徒、懦夫、伪科学家和俗气的报纸，其中包括巴斯克民族主义之父萨比诺·阿拉纳（Sabino Arana）、卢梭、马克思、伏尔泰、高尔基、弗洛伊德和《马德里先驱报》。

当火焰烧到书堆时，人们兴奋地叫喊，大学里的年轻人用"热情"和"勇敢"的歌声唱着《面向太阳》（Cara al sol），这是西班牙长枪党党歌，歌词于 1935 年 12 月由长枪党创始人何塞·安东尼奥撰写。当长枪党需要一首征服人心的歌曲来与《列戈颂》（Himno de Riego）和《到街垒去》（A las Barricadas）之类的左翼歌曲对抗时，这首歌便被创作出来。在佛朗哥执政时期，长枪党是唯一合法的政党，于是这首歌也拥有了第二国歌的地位。

穿着新制服面向太阳

是你昨日血印染

如果死神要让我凋谢

那我将与你永别

我将会和同志们聚伙

到苍穹之中守护家国

在我们坚毅的面容下

人民将存活壮大

如果人们说我已倒下

我站岗在天堂里

胜利的旗帜将会归来

伴着欢快的节拍

他们会把五朵玫瑰花

系在我的箭头下

这里将会再春日满堂

等待在天空陆地海洋

前进，队伍向着胜利

为西班牙黎明的升起

战争头几个月，佛朗哥政权的行动重点是搜捕、摧毁及清除公共和私人图书馆。大量教师、图书管理员、出版商和书店主遭到枪杀。1936 年 8 月 16 日，在科尔多瓦街从事书籍贸易的罗杰洛克卢克被枪杀。10 月 18 日，马德里大学哲学系图书馆员胡安娜·卡普德维勒遭到报复。此外，作家加西亚·洛尔卡（Federico Garcia Lorca，1898—1936）、法学家兼奥维耶多学校校长雅古雷斯（Leopoldo Alas Argüelles）、法律医学教授兼瓦伦西亚学校校长巴斯达（Juan Bautista Peset）等人，也因为他们的想法和所写的书被暗杀。

加西亚·洛尔卡

统治当局采取非常严厉的手段，要求在西班牙出版的每一本书都必须由政府审查员审查。然而审查程序的某些部分缺乏透明度且欠缺公允，例如审查员的资格以及他们的真实身份——因为许多审查员只是在报告上签上他们的姓氏。从已公开的资料中发现，审查员大多是牧师、退伍军人、作家和记者。

其中作家卡米洛·何塞·塞拉也是一个知名的审查员，相对于一些在困境中挣扎求存的文人，他过着违背良心的生活，这是那个时代的无奈和悲哀。

审查人员必须为审查的每项作品撰写报告，内容包括禁止出版的原因和审查的详细说明。然而，审查员对作品的内容并不知情。审查员会提出改动的建议，指出如何修改某些段落才能符合审查标准，有时审查员本人会修改某些段落。这个官僚程序可能无限期地持续下去，直到作品通过审查员的审查。

1938年，西班牙实施的《新闻法》规定：凡生产、交易、流通和拥有涉及色情、社会主义、共产主义、自由主义的书籍和报纸都被视为非法。所有出版机构、书店和书报亭必须在48小时内向军事当局交付所有违禁出版物。在西班牙救世军运动开始的第二天，数千份被定性为有毒的、疯狂的文学作品，就从书报亭和书店下架。

为了打击每一本"有害"和"不爱国"的图书，官方警告说，那些没有提供相关出版物的人将由军方审判，而且这类违规行为意味着5000比塞塔的罚款；如果是重犯，则会增加5倍罚款，或者取缔及关闭违规的出版社和书店。另外，官方要求国家图书管理人员将违规但已订购的图书下架。统治当局定期审查公共和私人图书馆的藏书，出版社、书店、报刊亭以及外国邮寄的书刊都包括在内。在每个大学校区，成立由督学或副督学、哲学系或文学系教授、图书馆和考古学档案库管理员代表、教会当局代表、军方代表、长枪党文化署代表、天主教家长协会代表共同组成的委员会。委员会的职责是认定哪些出版物是"有害"的，凡是被认定为"猥亵的和缺乏文学价值的"书籍，或者"在思想上基本没有价值的"革命书籍，都应该被彻底销毁。

另一件臭名昭著的事件发生在 1939 年，当时佛朗哥政权的士兵对加泰罗尼亚语语言学家庞培·法布拉（Pompeu Fabra）的个人图书馆纵火，20000 本书毁于一旦。法布拉的女儿卡罗拉·法布拉（Carola Fabra）记录了当时的情景：

> 我们把房门关闭、锁上，但他们闯进了父亲在二楼的图书馆，再把阳台上的东西拉开、书架上的书翻在地上并全部烧毁后，有一位将军尖叫着："打倒智慧！"后来，他们还把部分书放在街道中间焚毁。一间充满智慧的图书馆毁灭了。

1939 年，成千上万的加泰罗尼亚语书籍遭到了破坏。同年

2月至3月间，91吨被禁的加泰罗尼亚语书籍，从巴西诺出版社的仓库，被运往一家造纸厂销毁；普罗出版社的所有书籍被倾倒在街上，压成纸碎。6月，巴塞罗那的二手书店被暂时关闭，所有加泰罗尼亚语的书成为禁书。

西班牙语守护人——玛丽亚·莫利奈尔

西班牙图书馆管理员玛丽亚·莫利奈尔（Maria Moliner），在压抑的文化气氛和人生低谷时，花费15年心血编写成3000余页的《西班牙语用法词典》（*Diccionario de Uso del Español*）。这本书成为研究西班牙语的重要工具书。当我知道这个故事时，脑海中一直盘旋着一个问题：为什么她在困境中仍能坚持写作，她到底怀着怎样一种心情

玛丽亚·莫利奈尔
（由西班牙皇家学院提供）

《西班牙语用法词典》
（由西班牙皇家学院提供）

坚持写作？我的理解是写作可能是她自我救赎的一种方式，能够帮助她遗忘伤痛。

在西班牙，佛朗哥用高压控制文化的同时，勇敢的图书馆管理员玛丽亚·莫利奈尔履行着对读者和书籍的承诺，开始了"教育传教"运动。她凭借对图书馆事业的热爱，在最偏远的乡村建立公共图书馆和流动图书馆，以满足大众的阅读需求。玛丽亚·莫利奈尔认为佛朗哥政权疯狂蹂躏她心爱的西班牙文化，是无知的和不公正的。荒谬和自相残杀的战争令西班牙流血，人民只有通过阅读才能找到真理和正义的声音。

玛丽亚·莫利奈尔是瓦伦西亚教育代表团委员会成员之一，她参与了第二共和国图书馆政策和文化的传播。从1931年以来，玛丽亚·莫利奈尔组织了一项协调瓦伦西亚地区农村图书馆的计划，计划的目标是向小城镇提供城市所享有的文化资产——电影放映、戏剧表演、讲座，以及图书馆和其他促进阅读的措施。在这项计划实施四年后，玛丽亚·莫利奈尔及工作人员创建了5000多间这种多功能的图书馆。

1935年，玛丽亚·莫利奈尔建立了一所图书馆学校。她在《西班牙的乡村图书馆和图书馆网络》演说中，明确指出乡村图书馆管理的基本准则和目标，如何提升读者对阅读和文化的兴趣，并提出对乡村图书馆管理员的以下期望：

在一个历史悠久的图书馆中，经验丰富的读者不大需要管理员的指示，因为他们有明确的阅读目标，图书馆管理员可以很容易地满足他们的要求。但是，一个乡村图书馆管理员必须做更多的个人工作，把他的灵魂放在其中，没有热情就不可能实现这一点，而热情只源于信仰。图书馆管理员要把热情放在他的任务中，需要相信这两件事：他能够为其所服务的人提供精神上的改善；他能够为自己的使命做出贡献。

1937年，玛丽亚·莫利奈尔在两年前演说的基础上，撰写的《小型图书馆服务指南》一书出版，该书成为欧洲国家很多公共图书馆的参考依据。

1936年9月，西班牙内战开始时，玛丽亚·莫利奈尔被任命为瓦伦西亚大学图书馆馆长，她继续从海外订购书籍，并用战火中出版的图书与国外的新书交换。同年11月，共和国政府迁至共和派知识分子聚集的重镇瓦伦西亚，直到内战结束。但玛丽亚·莫利奈尔于1937年底离职，她将自己的精力集中在图书采购等方面，并为西班牙图书馆未来的发展提出了雄心勃勃的详细草案。然而，1939 年 3 月 29 日，在玛丽亚·莫利奈尔39 岁生日的前一天，佛朗哥军队攻占了瓦伦西亚城，她的梦破碎了。

西班牙内战结束后，当年为了改善西班牙人民文化水平投入的努力白费了。从 39 岁开始，玛丽亚·莫利奈尔进入了战后的黑暗和艰难岁月。共和党人的生活受到监视，他们被社会排斥，士气低落。许多人被流放并遭到报复。玛丽亚·莫利奈尔的丈夫费尔南多·拉蒙因被停职，玛丽亚·莫利奈尔也因为致力于宪政共和国遭受了排挤，被撤去多个公职，但她的精神就像所有为正义事业而战斗的人一样，从未死亡。玛丽亚·莫利奈尔履行了图书馆管理员的使命，通过"那些美妙的书籍窗户"，让每一个卑微的人在战乱中找到自己的精神。"只有知识和教育才能拯救西班牙"，这是玛丽亚·莫利奈尔经历过幻灭后，依旧屹立不倒的理念。

1946 年，玛丽亚·莫利奈尔在马德里高等工业工程师学院的图书馆担任一名普通管理员，直到 1970 年退休。在那里，玛丽亚·莫利奈尔因为支持社会主义，被学生和其他老师歧视、责备，她也渐渐提不起任何个人或职业上的兴趣。直到 1952 年，玛丽亚·莫利奈尔翻看儿子从法国带回来的《当下英语学习词典》，便开始计划编写一本真正帮助人们使用西班牙语的词典，一本没有人能用政治标准去论断和审查的书——一部词典。而对于玛丽亚·莫利奈尔来说，自由和言语是一种生活方式，也是创造世界的一种方式。

或者因为玛丽亚·莫利奈尔在战争中失去了一切，孤立和避难的环境激发了她编写这部词典。之后漫长的 15 年里，玛丽亚·莫利奈尔每天在图书馆工作完成后，立刻回家专注于写作。在她的书桌上、度假时的工作台上，总是摆着打字机、写满字母和修改字迹的卡片以及语法书。在回忆录中，玛丽亚·莫利奈尔解释编写词典的因由：

我不想夸大其词，大多数包括大学学习语言学的人都不知道如何使用词典；我想说他们不知道如何妥善处理它，从而充分利用它。现实情况是，在这个国家，人们普遍忽视词典的问题。在培养孩子的早期教育课程中，很少关注词典的使用。因此，令人惊讶的是，一个 8 岁或 10 岁的孩子，在小学词典单词的测验中，竟然有 80% 不合格。对许多人来说，即使是老师也认为教授使用词典几乎没有任何意义，是浪费时间而影响正常教学。为此，编写这本词典是要扭转这个观念。如果我开始考虑我的词典是什么，我会有一个肯定的答案：它是世界上独一无二的词典。

《西班牙语用法词典》一书出版前，西班牙有皇家语言学院编撰的词典，这本词典具有学术研究价值，并且是常用的西班牙语工具书。但是《西班牙语用法词典》——用了 15 年才完成并在 1967 年面世——加强了词语在日常性和不同情景，如报纸和电子媒体上的用法，让读者更全面了解词语背后更精确的含义。玛丽亚·莫利奈尔用最大的热情去完成这件事，这是她从父亲那儿学到的，在恐惧之中要找到希望和信心，即使受到打压，仍能实现一个知识分子的个人理想。

守书人罗德里格斯 – 莫尼诺

在西班牙内战中，影响文化界最深刻的是恐惧本身。为了免遭打压和批评，学者们把原来的意见和观点重新修订以迎合统治者的思维。但有些学者却继续勇敢地向当权者讲真话，为合理的和对人民有益的事情发声，纵使自己受到伤害或牺牲，都认为是值得的。守书人罗德里格斯－莫尼诺（Antonio Rodríguez-Moñino，1910—1970）便是这样一位值得我们尊敬的学人。罗德里格斯－莫尼诺是真诚的共和党人，他为了保卫文物，遭受过许多苦难，但他坚强的意志体现了崇高的西班牙精神。

守书人罗德里格斯－莫尼诺

　　罗德里格斯－莫尼诺是 20 世纪西班牙最伟大的藏书家之一，他一生收集了将近 1.6 万册图书和手稿。实际上，如果有一个与他的生活息息相关的单词，那就是"书"以及周围相关领域。除了藏书家的身份，出版商、学者、文学编辑、大学教授和文学评论家都是罗德里格斯－莫尼诺为人熟悉的身份。

　　罗德里格斯－莫尼诺为了扩大自己的学术视野，赴埃斯特雷马杜拉大学攻读法律专业，毕业后又前往法国和比利时学习文学和书目学；25 岁时，罗德里格斯－莫尼诺回到西班牙并获得一个研究所的职位。1928 年，罗德里格斯－莫尼诺移居马德里，他经常和学生在卡斯蒂利亚咖啡厅讨论文物保护及存档的重要性。为此，罗德里格斯－莫尼诺努力研究西班牙在过去 300

年来的图书并编纂书目，他还努力寻找失散的古籍，考证版本的来源。

1935 年，罗德里格斯－莫尼诺担任艺术保护委员会的主席，开展了国家考古博物馆、马德里的私人图书馆、埃斯科里亚尔修道院图书馆等文化财产的保护工作，此外他还指导了达利图书馆书目保存和恢复工作。罗德里格斯－莫尼诺觉得 1936—1939 年的内战是"多年的斗争，是误解、不公正、仇恨和圈套，在正常的人类思维中很难被理解，所有这些都与失调的情绪有密切关系。一些人的盲目、嫉妒和不断的迫害，让不可思议的焚书事件发生了"。为了抵抗这些不义之事，罗德里格斯－莫尼诺和一批知识分子成立了图书馆联盟，向人民宣传保护文化财产等方面的知识。

另外，罗德里格斯－莫尼诺向西班牙国王呈交了一份 800 页的报告，提出保护和拯救书籍的方案，他指出要在这件事情上向佛朗哥政权说不。在这场文物保卫战中，罗德里格斯－莫尼诺的精神支柱来自他的另一半，同时也是他的同事玛丽亚·布雷·马里尼奥（María Brey Mariño），两个人共同参与保存，避免丢失和一切可能破坏文化瑰宝的工作。1938 年，罗德里格斯－莫尼诺移居瓦伦西亚，第二年他与马里尼奥结婚，并同她一起出版了第一本书《女神与烈士》(*Luisa de Carvajal*)。

1939 年，政治清洗开始了，罗德里格斯－莫尼诺与他的同道中人一样，在其后的 28 年内，一直受到政治迫害。他的教育和研究活动被禁止，直至 1968 年，罗德里格斯－莫尼诺才恢复名誉并受封西班牙皇家学院院士。

纵有宏大护书之初心，但 1937 年格尔尼卡（Guernica）廷巴克图图书馆的 30 万份手稿，还是被佛朗哥政权的激进分子彻底毁坏了。其中许多手稿的历史可以追溯到 13 世纪至 16 世纪，它们或由住在这座城市以及其他地方的伟大学者撰写，或购自北非、安达卢斯及阿拉伯地区最东部国家的古老市场。这些古代手稿是数个世纪文明的独特见证，其内容涉及宗教研究、数学、医学、天文、音乐、文学、诗歌及建筑。但更为重要的一点是，我们可能就此失去了记载上述地区在 13 世纪至 16 世纪重要地位的独一无二的手稿。

虽然遭遇挫折，罗德里格斯－莫尼诺仍然继续着自己保护和拯救书籍的任务。在同这些毁坏书籍者的角力中，罗德里格斯－莫尼诺尽量把书籍转移到中央图书馆，避免被直接销毁，其中包括 19 世纪匈牙利著名作曲家和钢琴演奏家弗朗茨·李斯特的一些乐谱手稿。这些手稿保留了李斯特的笔迹，体现了李斯特的性情，具有非常高的价值。这些手稿的内容大多与匈牙利或 1848 年匈牙利革命及自由斗争有关。在其中的一份乐谱手稿上，李斯特用匈牙利语抄写了裴多菲的诗篇《匈牙利人的上帝》。

这位 20 世纪最伟大的西班牙藏书家在 1970 年去世后，他的妻子玛丽亚·布雷·马里尼奥依遗嘱指示，把罗德里格斯－莫尼诺收藏的书籍（约 1.5 万册）、手稿（1200 份）以及 16、17 世纪文学史和艺术史上的重要版画（450 幅），全数捐给西班牙皇家学院图书馆。从此，这座学术宫殿里又增添了一份宝贵的礼物，罗德里格斯－莫尼诺为西班牙人民和文化爱好者留下了无价的遗产。

西班牙皇家学院图书馆 a（由西班牙皇家学院提供）

西班牙皇家学院图书馆 b（由西班牙皇家学院提供）

结语

　　佛朗哥的独裁政权采取政治力量和意识形态胁迫的方式，控制西班牙的文化事务。佛朗哥把媒体变成散播其意识形态的工具，目的是运用媒体的传播力量来达成西班牙的一致化。在文学图书领域，一再发生控制文学的行动，让作家们无比担忧，例如彻底清查图书馆的行动，这不是为了应付战时需要而进行的临时性审查，而是准备建立一种系统的控制，以便一劳永逸地从公共图书馆和文化中心消除一切"有害"书籍。与此同时，欧洲其他国家的政府则在鼓励国内创作。

西班牙内战结束后，政府继续严厉地审查文学作品，直到20世纪60年代，作家才被允许在诗歌中表达对社会的不满。同时，大量写实主义的小说通过审查，被允许出版，但是爱情小说和冒险故事则遭受严厉的管制。60年代末，少数族群语言被允许使用，但是不可使用少数族群语言来创作宗教书籍和诗歌，儿童文学则受到由教会控制下的特别机构审查。另外，国家图书馆禁止收藏西班牙流放作家在国外出版的作品。这一切禁令在佛朗哥逝世后逐渐解除。

西班牙内战虽然已结束70多年，但直到今天它的影响依然存在。2007年，西班牙国会通过了《历史记忆法》，为内战和佛朗哥统治期间的遇害者恢复名誉。这个禁忌的话题再次在民间社会引起热烈讨论，白色恐怖的历史记忆正在从原先被遗忘的状态中重新恢复。这将令更多曾经禁止出版和消失的文学作品再次呈现于读者面前。

第六章　焚书与轰炸：第二次世界大战时期的德国图书馆

　　在全部历史中，胜利者的图书室才是权力的标志，是官方说法的储存所，然而，我们经常想到的却是已烧成灰烬的图书室。被遗弃、被破坏，受害者的图书室总在不停地发问："为什么会出现这种行为？"我那本祈祷书就属于那发问的图书室。

——阿尔维托·曼古埃尔《深夜里的图书馆》

　　图书馆被毁在人类文明史中是一个永无止境的故事。法国历史学家吕西安·费弗尔（Lucien Febvre）写了一本关于这个话题的书，书中列举出人类文明史上重要的图书馆的损失：从公元前 1358 年埃及的底比斯图书馆开始，到 2003 年伊拉克的图书馆和博物馆几乎全部被毁坏为止。我们知道，伊拉克的文化遗产被毁不是人类文明史上最后一次。2015年9月，阿富汗巴尔米拉和叙利亚其他地方，不可替代的文化遗产被破坏，其中包括罕有的、极其珍贵的古籍和文献，造成了难以想象的文化浩劫。

在1933—1945年纳粹掌权期间，人们因种族、政治、宗教或意识形态原因遭到迫害，丧失了财产，包括书籍和私人图书馆。受害者，特别是犹太人，拥有的书籍以各种方式被充公、被抢夺。除了被盟军炸毁外，这些曾经失踪的书籍在第二次世界大战之后，神秘地出现在德国大大小小的图书馆的仓库及书架上。

斯蒂芬·茨威格在《昨日的世界》中分析说：

国家社会主义惯于用卑鄙伎俩，在时机成熟以前，不暴露自己目标的全部激进性。所以纳粹分子小心谨慎地运用自己的手法：总是先用一定的剂量，然后便是小小的间歇。总是先单独用一粒药丸，然后等待一会儿，看看它的效力是不是不够强，看看世界的良知是否受得了这个剂量。……对我们著作的第一次攻击，是推给一群不负正式责任的人，即身为纳粹党徒的大学生们去干的。在此之前，他们为了贯彻蓄谋已久的抵制犹太人的决定，导演过一部"民众愤怒"的丑剧，他们也以同样的方法，暗示那些大学生们，要他们对我们的著作公开表示"愤慨"。

在这种纵容、支持、挑动下，民众"自发"烧书。过去几十年，德国图书馆以冷漠的态度审视这段可耻的历史，图书馆对纳粹时代添加到库存中的书籍来源没有任何质疑。德国犹太人中央委员会副主席萨洛蒙·科恩（Salomon Korn）认为许多图书馆管理员对这个问题抱着"冷漠和回避"的态度。在 1990 年前，许多图书馆没有将这些纳粹时代被盗的图书系统地添加到特别库存中。但是自从德国统一后，他们开始在各地的图书馆寻找这些曾经失踪书籍的主人或继承人。一些图书馆员工带着侦探家的头脑，寻找每一本书的来源，希望把它们交还给原来的拥有者或其家属。

德国联邦文化局局长贝恩德·诺伊曼（Bernd Neumann）也认为，博物馆和图书馆的员工有义务"特别注意搜索那些野蛮纳粹盗取的文物及书籍"，因为这些文物和书籍不仅仅具备"物质价值"，更代表了"个人和家庭命运"，具备宝贵的情感记号。

不来梅市（Bremen）的政治科学家克劳斯·冯·慕克豪森（Klaus von Müchhausen）是第一个提出清查这些被盗取图书的人。慕克豪森批评这座城市的国家图书馆藏有从犹太人家里偷走的书籍。他聘请了国家教育部退休高级官员进行清查，他们发现在 1942 年，图书馆记录了 1555 本新图书，其中一些名为"纳粹党的礼品"，其他名为"JA"（犹太人拍卖，Jewish Auction）。慕克豪森查出大部分的书籍都是从准备登船出国的犹太移民家中没收的，约 800 本有可能找出它们原本的拥有者或家属。

1998 年 12 月初，德国政府和其他 43 个国家的代表签署了一份协议，协议规定签署国要搜寻那些纳粹政权不正当获得的、从未归还的艺术品和书籍，以及盗取的物品。当时，只有 14 家图书馆正式登记了它们的被盗物品。即使是大型图书馆，例如法兰克福、卡塞尔和海德堡的大学图书馆，也还没有开始系统查找库存中的被盗图书。

纳粹掌权期间汉堡大学图书馆的藏书

汉堡大学图书馆藏书仓库有一个众所周知的秘密，书架上摆放的一大堆没有共同主题的书，都是战时从犹太人手中抢过来的。事实上，德国各大图书馆都可以找到纳粹盗取的书籍，但汉堡等港口城市的藏书特别丰富。"所有 1933—1945 年间进入图书馆的书都有些可疑，"汉堡大学图书馆主任维利茨博士

（Villiez）在邮件中回复我说，"尤其是那些由盖世太保捐赠给我们的书，好在它们幸运地在战争中被保存下来。"

汉堡大学图书馆的研究人员从 2005 年开始追查仍在图书馆中的"盖世太保捐赠"的书，并搜寻笔记和书签的线索，寻找其拥有者。如果找到一个名字，他们就会转向数据库，例如以色列犹太人大屠杀纪念馆（Yad Vashem）档案或登录网站 Ancestry.org，以便了解更多信息。但有的书没有记录，无法进行区分。除非原主人在书上写下名字或者留下了其他痕迹，如标记或书写笔迹。自 2009 年，只有四分之一的书被归类。汉堡大学图书馆的研究人员也试图把大约 2000 本可疑的书输入到字母 J 开头的库存编号中。

时间流逝也是一个挑战。在战后 75 年，想找到当年的主人恐怕相当困难，许多人已死于大屠杀，有些人则为躲避杀害以各种隐姓埋名的方式逃离，所以很难找到他们的后代。但幸运的是，档案数字化和互联网的出现有助于在全球范围内继续寻找这些书的主人或继承人，并物归原主。

到目前为止，汉堡大学图书馆共有约 5000 本这类图书，其中一些继承人得悉这些书的下落后，决定将它们捐赠给图书馆或其他机构。归还的书通常没有真正的价值，但这是无关紧要的，最重要的是书籍用回忆把人们与过去联系起来。特别是有的第二代和第三代继承人对家族曾经发生的事情一无所知，这些书可以告诉他们那些伤痛的故事。1938 年，犹太学者塞缪尔·奥克斯博士从德国逃往伦敦失败，被捕后他于 1939 年被送往布痕瓦尔德集中营，并在那里受到残酷虐待。汉堡大学图书馆发现的 600 本书的藏书票中都刻有他的名字，这印证了塞缪尔·奥克斯抵达汉堡港后，盖世太保夺走他的财物并转送到汉堡大学图书馆。时隔 70 年，这批图书已归还给他的孙女。

另外，在汉堡大学图书馆发现了属于汉堡市民玛丽·赖斯（Marie May Reiss）的 400 本图书，这批图书曾作为盖世太保的"礼物"送到图书馆。出生于 1895 年的玛丽·赖斯在丈夫早逝后和女儿一起生活在汉堡。1942 年 6 月，赖斯的女儿被送往奥斯维辛集中营，并被杀害。当赖斯居住在英国的侄子得悉这些图书的消息后，决定将它们捐赠给汉堡大学图书馆。

纳粹掌权期间柏林国家图书馆的藏书

柏林国家图书馆最早是皇家图书馆，由皇子威廉于 1661 年创立。除了欧洲古籍，威廉一直对中国书籍感兴趣，他命令馆长开始收藏中文古籍。皇家图书馆在 1740 年已藏有 3000 多册中文古籍。因为藏书量大增，皇帝下令建筑师恩斯特·冯·伊内（Ernst von Ihne）于 1903—1908 年间，设计和建造新巴洛克式图书馆，一开始图书馆的馆藏来自皇家图书馆。在 1945 年前，该馆名为普鲁士国家图书馆，在纳粹没收书籍的过程中起了核心作用。所有在德国被扣押的书籍都必须首先提交给普鲁士国家图书馆，它成为战争期间被盗图书的转运站。

第二次世界大战期间，为防止珍贵书籍毁于战火，柏林国家图书馆的 300 万册图书和期刊分散至各地，最著名的藏品被转移至波兰西南部的西里西亚（Silesia），它们来自手稿和音乐部门，例如巴赫、贝多芬和莫扎特的 1000 多份乐谱，都被转移到法斯坦城堡，然后被运去波兰古斯修道院，其余的仍留在克拉科夫的图书馆。还有很多图书和音乐手稿被当时的苏联军队运到圣彼得堡，它们占原来馆藏的三分之一。战后德国政治重组，柏林国家图书馆的大量书籍仍留在波兰。有些人认为这些书是为了补偿波兰在战争中遭受的损失，因此被纳入波兰收藏品中，波兰人既没有时间，也没有工作人员将书籍分类并归还。谈判过程很艰辛，目前大部分藏书仍然被保存在波兰或俄罗斯的图书馆。

1945 年后，德国的分裂导致了柏林国家图书馆的分裂，原来分散在苏联占领区内各地的馆藏被集中送到坐落在东柏林菩提树大街的馆区，成为当时民主德国中央图书馆的馆藏。而分散在西部占领区内的馆藏分别运送到马堡和图林根等地，直至 1964 重新回到西柏林。到了 1965 年，波兰各图书馆中约 9 万册图书已归还德国，但仍有大量图书下落不明。估计今天仍有大约 10 万册分散在波兰的 8 座图书馆中。如果波兰人把这看作是战争中遭受损失的合理补偿，那么德国就很难责怪他们。据估计，波兰图书馆在战争中失去了三分之二的馆藏。

随着两德统一，在经历了 40 多年的分离之后，两座国家图书馆终于在 1992 年合二为一，只有收集到的少数原藏书重新回到原来的馆内。在华盛顿会议过去 7 年后，研究图书馆历史的维利茨博士在柏林偶然查看了柏林国家图书馆的记录，发现了一些图书馆黑暗的历史。其中，有一份图书馆在 1943 年以 4.5 万马克的价格从柏林市购买 4 万套被抢劫图书的记录。在研究这个问题时，维利茨从市政府档案的信件中也找到相同的证据证明图书馆明确要把这些书从犹太人那里拿走。现在，经过数十年的尘封，图书馆试图将超过 1 万本被盗图书及另外 9000 份文档归还给原本的拥有者，或者更有可能归还给他们的继承人。

除了国家图书馆作为纳粹焚书的目标，很多知识分子和反对派也难免成为被消灭的对象。魏玛共和国最重要的杂志《世界舞台》（*Weltbühne*）出版人兼记者卡尔·冯·奥西茨基（Carl von Ossietzky，1889—1938），是一位坚定的和平主义者和民主人士。奥西茨基在希特勒掌权之前就已经因言论而陷入困境，如他在 1931 年发表了一篇关于德国国防部秘密重组的文章。纳粹接管后，奥西茨基被盖世太保逮捕，遭受酷刑并被送往索比堡集中营。同年，《世界舞台》杂志被禁止发行，奥西茨基的私人图书被夺走并被烧毁。1934 年末，奥西茨基因营养不良和遭受虐待被转移到病房，在那里感染了肺结核。1935 年，奥西茨基获得了诺贝尔和平奖，但被禁止前往挪威奥斯陆领奖。1938年 5 月 4 日，由于严重的虐待和结核病，奥西茨基在医院逝世。

1945 年 4 月 4 日，在德国无条件投降前几周，美军抵达德国东部图林根州的小镇梅克斯。美军在一个 640 米深的盐矿中偶然发现了一批惊人的艺术品和贵重物品散落在地上，其中包括来自帝国银行的 100 吨金条储备。另外，伦勃朗（Rembrandt）、维米尔（Johannes Vermeer）、拉图尔（Georges de La Tour）、卡拉瓦乔（Michelangelo Merisi da Caravaggio）、鲁本斯（Peter Paul Rubens）、格列柯（EI Greco）、阿尔钦博托

（Giuseppe Arcimboldo）等人的油画被堆放在矿车里或随意堆放在墙边。这里有来自德国最著名图书馆的罗马和埃及古董，还有挂毯和珍贵书籍。士兵们迅速打包好这些无价的货物，并将它们搬到了美国占领区。

萨克森皇家图书馆的轰炸

1942—1945 年，盟军对德国主要城市——柏林、莱比锡、汉堡、德累斯顿、慕尼黑等地——进行空中轰炸，造成数百万人死伤，其中更多的是平民百姓。而政府重要的建筑物，包括图书馆也遭受炮火洗礼，被夷为平地。

轰炸后的德国城市

轰炸后的汉堡大学
图书馆（由柏林图书馆提供）

1945 年 2 月 13 日凌晨，盟军出动了超过 2000 架轰炸机，投下 3749 吨炸弹和燃烧弹，对德累斯顿这座易北河旁的欧洲文化古城进行大面积的连续轰炸。德国历史学家约尔格·弗里德里希（Jörg Friedrich）在其畅销书《火焰》（*The Fire*）中称，德累斯顿和其他德国城市遭受的破坏是"不公正和难以想象的"。

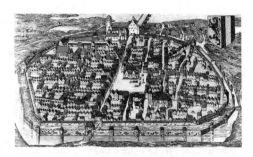

1521 年的德累斯顿

轰炸后圣母教堂前的马丁·路德像

大火连续烧了几个昼夜，被炸死的居民达 13.5 万人，35470 座建筑物遭到破坏，包括城内百年以上的艺术宫殿，如茨温格尔宫（Zwinger）、圣母教堂（Frauenkirche）、塞姆佩尔美术馆（Semperoper）、日本宫（Japanisches Palais）以及歌剧院等古老建筑。

1786 年，由于藏书不断增多，茨温格尔宫内的藏书曾被转移到一幢较大的建筑物——日本宫中。最初，日本宫建造的目的是收藏来自中国和日本的丰富艺术品，特别是瓷器。后来，日本宫成为萨克森皇家图书馆的所在地。1788年，即法国大革命前一年，萨克森皇家图书馆向公众开放。在保存下来的第一本读者登记册内，有许多著名的文学家和哲学家的名字，其中包括歌德、席勒、赫尔德、费希特、路德维希·蒂克等人。

然而，1945年的大轰炸毁掉了萨克森皇家图书馆的建筑，几乎完全摧毁了德累斯顿这座历史中心。大轰炸造成17世纪前出版的古书55万册和20世纪的手稿及印刷品20万册的巨大损失。其中，德国音乐收藏品的严重损失堪称欧洲文化遗产的一大灾难，这些音乐收藏品包括了意大利巴洛克时期的作曲家托马索·阿尔比诺尼（Tomaso Giovanni Albinoni，1671—1751）未发表的音乐手稿，以及18世纪意大利大合唱和咏叹调的许多手稿。

尽管萨克森皇家图书馆馆长已将许多重要文件放入图书馆安全保险库，但在如此猛烈的燃烧弹袭击下，意大利巴洛克时期的著名作曲家安东尼奥·维瓦尔第（Antonio Lucio Vivaldi）的手稿也遭厄运而被烧毁。但不幸中的万幸，美国作家及诗人埃兹拉·庞德（Ezra Pound）在1937年订购了维瓦尔第手稿的全部缩微胶片，并将其捐赠给意大利锡耶纳音乐学院图书馆（Accademia Chigiana），维瓦尔第的手稿以此方式得以保留。

当时图书馆音乐部门的主管埃瓦尔德·雅默斯（Ewald Jammers）对损失的曲谱数量进行了详细统计，他指出有 5 万至 5.5 万册音乐曲谱被烧光，包括来自 17—19 世纪的皇室御用音乐家手稿和 20 世纪已逝世音乐家的作品遗产。当年这些音乐文献的价值估计

安东尼奥·维瓦尔第

为 60 万德国马克。雅默斯从 1927 年起受雇于德累斯顿的萨克森州立图书馆，并在 1931 年晋升为音乐部门主管。雅默斯曾在波恩学习音乐学，并获得了博士学位，论文是关于中世纪音乐及其手稿。在完成学业后，雅默斯在莱比锡和德累斯顿接受了图书管理员的培训。

雅默斯透露，在俄罗斯国家图书馆和莫斯科格林卡中央音乐博物馆中发现了大量从德累斯顿图书馆音乐部门转移过来的音乐手稿，例如俄罗斯国家图书馆藏有歌剧家玛丽亚·阿格尼西·皮诺蒂尼给弗里德里希·奥古斯特三世（Friedrich August III）的亲笔签名信件和约翰·迈克尔·布劳尼奇（Johann Michael Breunich）的大量教堂乐曲作品。

巴伐利亚国家图书馆的被毁

巴伐利亚国家图书馆（Bayerische Staatsbibliothek）位于慕尼黑大学校园内，是德国历史最悠久的重要图书馆之一。该馆成立于1558年，曾是当时统治巴伐利亚的公爵阿尔布雷希特五世的宫廷图书馆。1827年巴伐利亚国王路德维希一世（Ludwig I）委托建筑师弗里德里希·冯·加特纳（Friedrich von Gärtner）建设新图书馆，直至1843年7月25日图书馆落成并拥有70万册图书及手稿。

巴伐利亚国家图书馆

第二次世界大战的爆发是图书馆历史的重要分水岭。早在1934年，巴伐利亚内政部就对公共机构下令"扩大自我保护"，其后，巴伐利亚国家图书馆建立了一个防火储藏室。1942 年，馆长鲁道夫·巴特曼（Rudolph Buttmann）下令将大部分藏书转移到慕尼黑市郊的防火储藏室中。1943 年 3 月 9 日晚上 9 点 45 分，第一枚炸弹袭击了巴伐利亚国家图书馆，轰炸引发的大火摧毁了现有馆藏的四分之一，包括地图、旅行游记和大部分艺术文献共 40 万至 50 万册。

另一批被摧毁的藏书来自两次世界大战期间东南欧最重要的出版社创办人格察·康恩（Geza Konn，1873—1941）的私人收藏。1873 年，格察·康恩出生于奥匈帝国的布达佩斯，1901 年在贝尔格莱德创立出版社，并出版了马克思和弗洛伊德的翻译作品，受到读者的广泛喜爱。由于格察·康恩的犹太背景和反纳粹立场，德国国防军于 1941 年入侵塞尔维亚后，将他及全家杀害，格察·康恩的出版社也于 1942 年被德军烧毁。另外，塞尔维亚国家图书馆在一次空袭中被完全摧毁，失去了 70% 的馆藏。1942 年初，巴伐利亚国家图书馆负责人赫尔曼·格斯特纳（Hermann Gerstner）前往塞尔维亚接管了国家图书馆剩下的藏书。格斯特纳将格察·康恩个人的 3000 多册藏书作为战利品，分别转送到维也纳、慕尼黑、柏林、莱比锡和弗罗茨瓦夫的图书馆。

1944 年 4 月，巴伐利亚国家图书馆再次发生大火，整个阅览室被毁，其中包括格察·康恩的个人藏书。2015 年，巴伐利亚国家图书馆维修时，清洁人员在地库中找到 600 多本刻有捐赠者的"Gn17006"编号的书，经调查证实这些书正是格察·康恩的个人图书。于是，巴伐利亚国家图书馆馆长克劳斯·塞诺瓦（Klaus Ceynowa）博士联络犹太人索赔会和格察·康恩的后人，在纳粹德国入侵南斯拉夫 75 周年纪念日——2016 年 4 月 7 日，将这些馆藏图书移交给塞尔维亚国家图书馆，由馆长拉斯洛·布拉斯科维奇接收。

大火后的巴伐利亚国家
图书馆（由巴伐利亚国家图
书馆提供）

归还的格察·康恩的
图书和手稿（由巴伐利亚
国家图书馆提供）

在移交仪式上，克劳斯·塞诺瓦博士说：

自 2003 年以来，本馆一直积极主动地在馆藏中寻找纳粹抢劫的文物财产，早在 2006 年就归还了大部分在 1938 年 11 月至 1939 年 2 月间，慕尼黑盖世太保没收的 69 名犹太公民的艺术收藏品及藏书。其中一位受害者是加布里埃尔·罗森塔尔（Gabriele Rosenthal，1887—1942），1938 年 11 月 24 日她在慕尼黑的公寓遭到洗劫，遗失了数千本宝贵图书。

2007 年，本馆归还了作家和诺贝尔文学奖获得者托马斯·曼在苏黎世写作时的 78 卷档案。今天，本馆归还不公正和暴力的受害者格察·康恩的书籍和手稿。我们认为这是纪念文化的一部分，我们强烈谴责纳粹不公正的暴行。

图书烧毁的反思

1823 年，德国浪漫主义诗人海因里希·海涅（Heinrich Heine）写下一句名言："书籍被烧毁的地方，最终人们也将被烧毁。"（Dort wo man Bücher verbrennt，verbrennt man auch am Ende Menschen.）一个多世纪后的 1933 年，纳粹德国统治下的年轻学生组织了全国焚书运动，正应验了这句名言，犹太人大屠杀很快就发生了。

当我论述第二次世界大战时德国图书馆内书籍被烧毁的命题时，脑海中就想起这句警世危言，它提醒着我们，最终能读到的故事是那些幸存者讲述的。在《深夜里的图书馆》中，文学家及藏书家阿尔维托·曼古埃尔说：

> 千万个死者已经埋在没有标志的坟墓里，他们会讲述什么样的暴行，我们就只能猜测了。很难理解在生活本身已经失去人道精神的时候，人们怎样继续保持日常生活中人的姿态。在饥饿、疾病、拷打和屠杀中，男人和女人如何坚持温和礼貌的文明行为，想出各种巧妙方法生存下来。为的是一点点爱恋之物，为了千万本书中的一本，千万读者中的一位，为了保留一个声音，能够在许多年后像乔布的仆人那样说出："只有我独自逃出来告诉你。"

经历天灾人祸仍然幸存的书籍，在走过一段不寻常的旅程后才能安详地静候每一位爱书人的拜访。但那些消失的和遗忘的图书室及其中珍贵的藏书，更是守书人在废墟中努力拯救的重要目标。只有人类深刻反省这些破坏文物的恶果后，书籍才得以传承。

对于那些仍在"异乡"的书籍,我们最终能否根据联合国教科文组织和欧洲委员会的众多决议的精神处理问题?所有那些"流落"于东欧的图书是否应该无限期地成为"战俘"?所有被认定为掠夺的图书是否仍被视为对战时文化暴行的"补偿"?

第七章 抵抗与生存：第二次世界大战时期的巴黎图书馆

不要贪图享乐和道德沦丧！家庭和国家都需要高雅和道德！我要将亨利希·曼、恩斯特·格拉瑟、埃里希·凯斯特纳、贝托尔特·布莱希特、斯蒂芬·茨威格的著作付之一炬。

——纳粹德国宣传部长戈培尔（1933年5月10日，柏林）

巴黎德国自由图书馆

1933年初，德国图书馆管理员沃尔夫冈·赫尔曼（Wolfgang Herrmann）在图书馆出版的纳粹文献中列出那些必须烧毁的图书黑名单，其中包括犹太裔作者的所有著作、和平主义者和马克思主义者的文学、诋毁"新德国"和支持魏玛共和国的任何内容，还有原始达尔文主义或鼓励颓废的艺术。

1933 年 5 月 10 日，纳粹党在德国多个城市焚烧书籍。世界各地的知识分子受到这一事件的影响而群起反抗。翌年两座抗议纳粹野蛮行为的图书馆——巴黎德国自由图书馆（Deutsche Freiheitsbibliothek Paris）和美国纽约布鲁克林的纳粹禁书图书馆（Nazi-Banned Books Library）——建立起来。这两座图书馆收藏了在德国应被焚烧和禁止出版的书籍，其中包括德国著名浪漫主义诗人海涅、无产阶级革命家列宁、诺贝尔文学奖得主托马斯·曼和海明威的作品。在文明世界受到威胁的动荡岁月中，图书馆承担起守卫人道主义原则和国家文化遗产的责任。

第二次世界大战前夕，巴黎是一个自由、和平的城市。作为反纳粹的基地，这里成为许多德国知识分子的避难所。正是在这种氛围下，一小群德国反法西斯主义者在 1934 年 2 月开始筹划最不可能的事业——德国自由图书馆，在英语中被称为"被烧毁的图书馆"。巴黎的德国自由图书馆主要发起者

巴黎德国自由图书馆的碑铭
（由大英图书馆提供）

之一兼秘书长，是记者和文学评论家阿尔弗雷德·坎托罗维奇（Alfred Kantorowicz）。坎托罗维奇得到了法国和英国文化界的支持，如法国出版商加斯东·加利马尔（Gaston Gallimard）和英国哲学家伯特兰·罗素（Bertrand Russell）都加入了图书

阿尔弗雷德·坎托罗维奇

馆委员会。法国文豪安德烈·纪德、罗曼·罗兰、英国作家 H. G. 威尔斯（H. G. Wells）和德国作家利翁·福伊希特万格（Lion Feuchtwanger）担任名誉馆长，德国作家托马斯·曼的兄弟亨利希·曼被任命为图书馆馆长。这一安排与牛津伯爵夫人在伦敦成立的"烧毁图书馆之友"协会一起，确保了图书馆必要的资金来源。

1934 年 5 月 10 日，巴黎德国自由图书馆举行开幕典礼。这一天具有象征意义，因为这一天也是纳粹德国开始焚烧图书的周年纪念。次日，《纽约时报》写道：

在巴黎蒙帕纳斯阿拉戈大道 65 号的几间小房间里，藏着收集来的 2 万多本书和小册子。亨利希·曼的开幕演讲

指出，他们在匮乏的物质条件下受到知识分子的鼓励，世界上伟大的作家、科学家、艺术家要与知识分子团结起来，对抗强权，保卫言论及真理。

沉重的书架见证了希特勒统治下很多不能阅读的作品，包括海明威的《永别了，武器》、海伦·凯勒的《如何成为社会主义者》、H. G. 威尔斯的《历史的概要》，还有画家马克·夏加尔（Marc Chagall）和保罗·克利（Paul Klee）的作品。德国自由图书馆不仅保留了作者被禁和被烧毁的作品，还保留了对希特勒主义研究和分析的资料，包括纳粹禁止出版的每一期报纸、期刊和由作家、学生、历史学家和记者编写的 20 万份档案。这座图书馆是研究希特勒和反法西斯宣传的最完备的空间。"被烧毁的图书馆"象征着纳粹可以焚烧书籍，但不能摧毁自由的思想。

图书馆的成立引起希特勒的宣传部长戈培尔的注意，他试图威吓图书馆的组织者。戈培尔把流亡的犹太裔作家同"布尔什维克主义者"画上等号，暗示他们既不是德国文学，也不是德国思想的代表人物。纳粹官方报纸的一名记者将图书馆的开幕典礼描述为一场"讨厌"的集会，散发着贫民窟的"恶臭"。但图书馆创始人兼秘书长阿尔弗雷德·坎托罗维奇反击说，图书馆不是贫民窟，它的成员大多数是德国移民作家，无论是犹太人还是非犹太人，都有广泛的社会和政治背景。尽管图书馆与共产党有密切的联系，但它不是某一党的，而是向所有反对法西斯主义的自由主义者开放。罗曼·罗兰在撰写的一篇题为《德国在我们的阵营》文章中向流亡德国的文化界成员友好地保证：

> 是的，我与你们同在，你们被压迫、流放，但你们是无敌的，你们是更好的德国的代表。我们尊敬的德国，我们在你们的阵营里。

巴黎德国自由图书馆创办的第一年，其成员加入对抗纳粹主义的战斗。他们组织读书会和讲座，举办展览，出版图书和小册子，向世界宣传纳粹在德国犯下的暴行，以图书馆保存的文化遗产代表另一个更美好的德国。因此，巴黎德国自由图书馆成为重新定义德国文化身份的平台。一场以书籍作为文化象征的战斗发生在 1936 年 11 月，当时的纳粹政府和德国自由图书馆在巴黎同时举办书展。德国自由图书馆在位于圣日耳曼大道的地理学会主办了"德国流亡文学回顾展"。这次展览的选址和时间绝不是任意安排的，两个展览地点在同一条街上。纳粹政府在展览场所门外庆祝他们认为真正代表德国的"图书周"。巴黎的这条街区因此成为德国文化身份和意识形态的战场，纳粹官员和流亡作家们将他们的书展示出来，向巴黎、法国乃至全世界展示德国文化真正的瑰宝。

1940 年 5 月 10 日，在纳粹焚烧书籍的 7 年后，纳粹德国入侵法国，迫使流亡者们再次逃亡。当纳粹占领巴黎时，德国自由图书馆及其档案全部被盖世太保没收。几十年来，图书馆的藏品被认为已经丢失或者毁坏了。直到 1990 年，历史学家海伦妮·鲁塞尔（Helene Roussel）在法国国家图书馆的阅览室中找到了"一份鲜为人知的档案"：一份 37 页的手写清单，列出了法国警察部门在 1940 年 2 月 14 日"捐献"给国家图书馆的 1400 份文件，包括威利·明岑贝格（Willy Munzenberg）1934 年在巴黎创建德国自由图书馆时的书籍。

1942 年，巴黎德国自由图书馆成立 8 周年的纪念日，美国著名诗人、小说作家斯蒂芬·文森特·贝内特（Steven Vincent Benet），撰写了一部题为《他们烧的书》的广播剧，获得了普利策诗歌奖。这部广播剧结构简单、语言直白，作者斥责了包括美国在内的西方盟国对纳粹消极、绥靖的立场。广播剧中有一位纳粹党员的角色，他在纳粹意识形态内隐藏了许多世纪以来的启蒙声音。贝内特让人想起斯威夫特、弥尔顿、丁尼生、维克多·雨果、马克·吐温、沃尔特·惠特曼，以及德国反对法西斯时最常听到的声音——海因里希·海涅和弗里德里希·席勒。

（旁白）

一本书是一本书。它是纸张，墨水和印刷品。

如果你刺伤它，它不会流血。

如果你击败它，它不会瘀伤。

如果你焚烧它，它不会尖叫。

（火焰爆裂）

烧几本书，烧数百，烧一百万，

这有什么不同？

席勒之声（坚定地）：

它对我有用。

对不起，先生，我叫弗里德里希·席勒，

德国的名字一度不为人知，

他们说，德国的辉煌之一，

德国这些强盗从来不知道。

一个多世纪以前

我谈到并写下了自由。

我反对压迫者和独裁者。

我为每个抬头的人说话，不会向暴君低头。

而且，尽管我死了，但我的诗歌和戏剧都在谈论

在每一个舌头上，在每块自由的土地上，

这是书可以做的。

巴黎屠格涅夫俄罗斯图书馆

巴黎沦陷后，为了销毁和掠夺纳粹占领区内的珍贵文物和藏书，1940 年 6 月底至 7 月初，希特勒很快同意在巴黎组织成立"罗森堡特别工作处"（Einsatzstab Reichsleiter Rosenberg）这个恶名昭彰的组织。在盖世太保、亲卫队、保安处、宪兵队、便衣的协助下，罗森堡的手下开始洗劫荷兰、比利时和法国各地的图书馆、档案室与私人收藏，尤其是巴黎犹太人机构的书籍以及著名的犹太人图书馆。

罗森堡特别工作处是由希特勒意识形态的追随者阿尔弗雷

德·罗森堡（Alfred Rosenberg，1893—1946）领导的一个特别工作组。早在 1934 年，希特勒就任命罗森堡为元首督察专员，监控知识分子和思想教育的培训。罗森堡以此建立起广泛的思想和文化活动监控网络。到了 1937 年，在罗森堡的指导下成立了专门的艺术和音乐办公室，还有后来为特别工作处提供工作人员的官僚机构和文化网络。

德国计划入侵苏联的前一年，罗森堡特别工作处还瞄准了富有的巴黎东欧移民图书馆。其中最重要的是三间斯拉夫图书馆：屠格涅夫俄罗斯图书馆（Turgenev Library in Paris）、彼得留拉乌克兰图书馆和波兰图书馆，甚至亚美尼亚和捷克图书馆也是罗森堡特别工作处在巴黎的猎物。其中一些藏品被立即转送到其他机构：波兰图书馆的 13 万本图书和手稿在 1941 年已交给柏林内政部下属的专门研究和出版办公室以及柏林中央图书馆。

1940 年夏天，罗森堡特别工作处带来了柏林中央图书馆的专家，对犹太人和斯拉夫人在巴黎的图书馆和文物进行清洗和毁灭，首当其冲便是屠格涅夫俄罗斯图书馆。

屠格涅夫俄罗斯图书馆的开馆　　1935 年的屠格涅夫俄罗斯图书馆

在《人·岁月·生活——爱伦堡回忆录》一书中，我们了解到屠格涅夫俄罗斯图书馆在巴黎的前世今生：

　　书是我从屠格涅夫图书馆借来的。这个图书馆的命运很悲惨。1875 年巴黎举行过一个"文学音乐晨会"，参加的人有屠格涅夫、格列布·乌斯片斯基、波林娜·维亚尔多和诗人库罗奇金。伊·谢·屠格涅夫发请帖的时候说："收入将用作为穷苦学生开办俄国阅览室的基金。"作家捐献了一批书给图书馆，有些书里还有他的亲笔批注。两代革命的侨民使用了"屠格涅夫图书馆"的藏书并增添了一些珍本。革命后图书馆还在；只是读者换了。第二次世界大战初期，有一些俄国侨民作家把自己的文献交给屠格涅夫图书馆保管。希特勒最亲密的战友之一，被公认为"俄国通"的波罗的海的德国人罗森堡把屠格涅夫图书馆搬到德国去了。1945 年，就在战争结束的前夕，一位陌生的军官带来一封我在 1913 年寄给采特林（诗人阿马里）的信。这位军官说他在德国的某车站看见了一些被打开的箱子：俄文书籍、手稿和信件散了一地；他拾了几封高尔基的信，偶然在一张烧毁了的小纸片上发现了我的签名，于是就决定带给我。这就是屠格涅夫图书馆的下场。

德军入侵巴黎后却没有找到屠格涅夫图书馆的正确地址，因为自 1937 年图书馆就从瓦勒代格雷斯街旧址搬迁到一座优雅的 15 世纪建筑内。此后，图书馆接管了 1912 年在尼斯（Nice）成立的赫尔岑图书馆内的藏书，以纪念俄国社会主义思想家亚历山大·赫尔岑（A. I. Herzen）一百周年诞辰。1938 年，图书馆内增设文学档案馆，组织和收集移民档案材料，身为主席的俄罗斯作家布宁（Bunin）起草了一份公告，号召尽量在纳粹占领之前收集更多重要的材料。流亡者布宁是俄罗斯重要作家之一，与托尔斯泰和契诃夫同为俄罗斯现实主义的代表作家，布宁在法国度过了他生命的最后 30 年。

1940 年 9 月 4 日，纳粹代表首次与图书馆主席奥季涅茨（Odinets）接触，提出"购买"图书馆的建议，奥季涅茨予以拒绝并呼吁法国政府干预。但是，后来奥季涅茨在日记中写道：

> 德国人第二天清洗了图书馆，我们被迫签署了投降文件，不知道从图书馆中搬走箱子的确切总数，大约有900多箱……一切都结束了，不见了，门被关闭了并且被封了，最大的俄罗斯流亡图书馆已不复存在。

其后，一位莫斯科记者披露了这一段历史：第二次世界大战之后，200多本德文书和许多罕见的早期版画被当作"战利品"带到苏联，这批"战利品"在乌兹别克斯坦郊外的一个教堂空地前被烧毁。幸运的是，列宁图书馆确认于1947年5月收到屠格涅夫图书馆的20万本英文、法文和其他语言写成的书。

巴黎的另外两座斯拉夫图书馆——彼得留拉乌克兰图书馆和波兰图书馆，与屠格涅夫图书馆遭遇了相同的命运。这两座图书馆（以及其他数十座图书馆）大约在同一时间被查封。纳粹掠夺了图书馆的1.5万本书和许多收集来的档案资料，但在第二次世界大战后，这批图书和档案资料再次被抢走成为"战利品"。今天白俄罗斯国家图书馆仍然收藏着大量类似性质的图书。而在莫斯科和基辅的两个档案馆中，已找到这些图书馆藏书的档案材料。最多的存世书籍——仅有约 220 本——已在基辅被发现，我们不知道明斯克到底还有多少这样的书，相信会是一个很大的数目。

2001 年 1 月举行的屠格涅夫图书馆创立 125 周年讨论会时，图书馆收到一本曾被纳粹夺走的图书——阿姆斯特丹大学图书馆馆藏的印有屠格涅夫图书馆藏书票的荷兰语《新约圣经》，但这纯粹是一个意外，这本图书是从莫斯科归还给荷兰政府的众多图书中被发现的。

在感谢阿姆斯特丹大学图书馆的信中，屠格涅夫图书馆馆长说："这本书非常重要，它是德国人在 1940 年 10 月从屠格涅夫图书馆里没收的 10 万本书中的第一本。"今天屠格涅夫图书馆作为具有独特氛围的古迹而存在，在巴黎的社会文化生活中，继续推广其独特的文化。

巴黎彼得留拉乌克兰图书馆

巴黎的彼得留拉图书馆现在位于乌克兰东正教自治教堂（Bibliothèque Ukrainienne Simon Petlura）二楼。1929 年至 1940 年间，彼得留拉图书馆收集了接近 2 万本乌克兰图书。第二次世界大战后，图书馆重新开放时，剩下的馆藏图书只有 57 本，并且战前图书馆的许多记录和大部分档案也都没有了。战后，图书馆的运营经费来自德国，以赔偿德军占领巴黎期间对图书馆的抢劫和摧毁。

图书馆的创办人是流亡巴黎的乌克兰人西蒙·彼得留拉（Simon Petlura），他建议在巴黎建立一个乌克兰图书馆，并指出波兰图书馆和屠格涅夫俄罗斯图书馆已经在法国首都蓬勃发展。图书馆的建立是为了纪念普罗科波维奇和其他流亡者，包括伊拉

西蒙·彼得留拉

利昂·科森科、奥莱克桑德·舒尔海恩和奥列多维琴科。尽管在两次世界大战期间，巴黎难以与布拉格一样成为乌克兰移民知识分子政治生活的中心，但在世界各地的乌克兰社区支持下，巴黎的彼得留拉图书馆成为乌克兰流亡政治和文化的焦点。

图书馆于 1929 年向公众开放，受到读者、研究人员、科学界和文学界人士的支持。法国前驻伊朗大使查尔斯·波宁，甚至从他的私人图书馆中挑选近 2000 本藏书和 1500 份报纸、杂志，捐赠给图书馆。这批图书被列入专门馆藏目录。彼得留拉图书馆

与法国国家图书馆、美国国会图书馆、大英图书馆和波兰国家图书馆乌克兰研究所，展开了图书交换服务，拓展图书的来源。

除了藏书的功能，彼得留拉图书馆与乌克兰研究所合作，在阅览室组织专题讲座，由居住在法国或访问巴黎的学人围绕不同主题（工业、农业、音乐、电影、艺术、语言、文学、绘画、史前史等）向乌克兰语听众或法语听众授课。图书馆组织的展览中最有影响的是1937年伊万·马泽帕（Ivan Mazeppa）展览，伊万·马泽帕是18世纪初乌克兰与瑞典独立斗争中的英雄，此次展览重点关注乌克兰与瑞典的关系。另外，在1935年的布鲁塞尔世界博览会上，乌克兰图书馆借走一些文件和展品，在万国宫和皇家军队博物馆展出。

彼得留拉乌克兰图书馆在随后的10年中继续发展。截至1940年1月，图书馆收藏了2万册书和1443册期刊，与屠格涅夫图书馆（1939年的12万册）和波兰图书馆（14万册），并列成为3座最重要的流亡国家图书馆。图书馆最初从第十三区租用的3间住房开始，1930年搬迁到第九区的一处5间住房的公寓，这里同时也是编辑办公室。

战后图书馆的目录没有留下，但是通过图书馆管理员伊万·鲁迪奇夫（Ivan Rudychiv，1881—1958）留下的日记、通

信和其他个人文件，我们知道1940年纳粹德国占领巴黎，德国军人于7月22日首次到访图书馆大楼，并对鲁迪奇夫

1940 年的彼得留拉乌克兰图书馆

进行了至少一小时的盘问。不久，鲁迪奇夫被要求交出"图书馆的创立文件、西蒙·彼得留拉的坟墓图片和图书馆的地图"。

不幸的是，这座巴黎的乌克兰文化的灯塔因德国占领而黯淡下去了。1940年10月22日，根据格奥尔格·莱布兰特（Georg Leibbrandt）的命令，乌克兰图书馆被盖世太保关闭。所有东西（书籍、期刊、档案馆和博物馆中的物品）被放进100多个箱子，并于1941年1月21—22日被搬到了柏林。1月24日，鲁迪奇夫被关进牢里。1941年6月，纳粹军官要求鲁迪奇夫到柏林看管那些从巴黎图书馆转移过来的馆藏书籍和档案，但是在1942年10月被允许返回巴黎之前，鲁迪奇夫从未在柏林看到过这些书。

战争结束后，我们通过伊万·鲁迪奇夫的报告和纳粹的档

案知道，德国人抢走了屠格涅夫图书馆超过 10 万册图书、波兰图书馆的 13 万册图书。1940 年秋天，德国人从彼得留拉图书馆抢走了 1.5 万件地图、照片和博物馆作品。盖世太保没收了彼得留拉图书馆超过 1.8 万册图书。这批图书首先被带到巴黎的一个收集点，然后在 1941 年初被运到柏林的阿尔弗雷德·罗森堡的东欧研究中心。

1943 年夏天，由于盟军对柏林的轰炸，东欧研究中心和东部图书馆被疏散到波兰的山谷里。1945 年，东欧研究中心的所有文件和档案都被抛弃了。1995 年，哈佛大学教授帕特·肯尼迪（Patricia Kennedy）发现彼得留拉图书馆的大部分档案都没有遗失，而是存在莫斯科不同的图书馆和档案室内。自 1998 年，彼得留拉图书馆与俄罗斯外交部遗产局联系，探讨如何处理这些财产的归还问题，可惜到目前为止没有任何结果，争取的道路仍然漫长。

巴黎美国图书馆

德军占领巴黎期间，虽然有很多座图书馆被纳粹秘密警察关闭，但仍然有一座图书馆屹立不倒，见证着整个黑暗岁月。这座图书馆便是第一次世界大战后成立的巴黎美国图书馆

（American Library in Paris）。

图书馆馆长多萝西·里德（Dorothy Reed）的回忆录介绍了巴黎美国图书馆成立的背景：

巴黎美国图书馆

美国图书馆协会（American Library Association，简称ALA）得到法国的热情支持，给人留下深刻印象。1920年5月20日，ALA根据特拉华州法律成立了一家私人非营利组织，在巴黎建立了美国图书馆。图书馆组委会决定美国图书馆将有三个目标：纪念美国远征军、促进对美国的理解和认识、为欧洲图书馆员提供美国图书馆运营的方法。ALA领导人渴望在国外推广美国图书馆事业，也希望图书馆成为欧洲的ALA前哨，并以一流的公共图书馆为寻求美国公共事务和知识的政治家、公关人员、记者和一般读者提供免费的专家信息服务。在整个动荡的历史中，巴黎美国图书馆充满了理想主义精神。图书馆尽管存在危险和资金不足的困难，但仍然有一小批工作人员和董事会成员坚定地投身于这一工作。ALA 对巴黎图书馆在美国筹款活动的支持与密切联系，正是坚信图书馆在文化外交中能够发挥作用的证明。

ALA 继续为巴黎图书馆提供运营经费。至 1920 年 11 月 2 日，巴黎图书馆收集了 2.5 万册书。尽管 ALA 的目标让美国图书馆成为美国公共图书馆服务中最好且没有政府支持的私人机构的代表，但图书馆为了维持运营还是被迫向用户收取订阅费。虽然巴黎的美国图书馆可能与当地拥有外籍用户的公共图书馆相似，作为一家位于法国的非营利性美国机构，我知道这是一项创新的实验——美国机构适应不同国家背景的实验。到 1938 年，大约三分之一的图书馆用户是法国人，但到了第二次世界大战，大部分读者都是法国公民。

在 1938 年慕尼黑协定前的战争恐慌期间，多萝西·里德宣称："我们没有关闭，每个工作人员都留了下来。我们的公众认为这是理所当然的，我们会继续，无论战争与否，有许多志愿者愿意提供帮助。毕竟这家图书馆是在上一次战争中建立起来的。"

在接下来的 9 月，就在法国和英国对德国宣战的几天后，巴黎美国图书馆开展了一项雄心勃勃的志愿服务——向士兵们送书和杂志。多萝西·里德后来写道,美国图书馆的使命是"尽其所能振奋士气"。因为图书馆是为了纪念在第一次世界大战中死亡的人而建立的。战争中,多萝西·里德热切地相信其特殊任务,即以书籍安慰另一代人。

在德国占领巴黎的最初18个月内,图书馆拥有"中立国"机构的地位,受到的干扰相对较少。但是,美国一旦参战,留在法国的美国人就成为敌人,他们的财产将被没收。为了防止这种情况发生,巴黎美国图书馆委员会委员克拉·朗沃思·德·尚布伦(Clara Longworth de Chambrun)伯爵夫人安排图书馆归

尚布伦伯爵夫人
(由巴黎美国图书馆提供)

属法国文化组织。很大程度上正是尚布伦伯爵夫人的努力,图书馆才能在战时继续服务。自1941年5月以来,尚布伦伯爵夫人一直担任着设法保护图书馆不被德国人打扰的角色。但1944年8月,因尚布伦伯爵夫人与法国维希政权的密切联系,美国图书馆也曾经历一段困难时期。

尚布伦发现这座城市在白天几乎没有变化,除了"增加了

大量的堆积起来的沙袋"。可是这座城市在夜间是危险而令人沮丧的，因为天黑之后实施灯光管制，美国图书馆在晚上被迫关门。然而，伯爵夫人回忆说，她的朋友们得知图书馆一直保持运作后非常惊讶。作为董事会成员，尚布伦伯爵夫人全心全意地支持这一决定，认为这场战争带来了"一个勇敢面对逆境的机会，并通过展示我们的能力和勇气，在邻里间互相支持"。

在 1940 年 6 月剩下的时间里，多萝西·里德馆长每天都在图书馆，尽管图书馆不向公众开放，但允许市民入内查看书籍。多萝西·里德馆长还带书去附近的布里斯托尔酒店，那里有很多不能走到图书馆的老年居民。在整个占领期间，私家车被禁止，这迫使巴黎人步行或使用自行车，特别是在公共汽车或地铁服务关闭的周末。到了 7 月，越来越多的人回到了巴黎，图书馆员工也回到工作岗位。不久，他们正忙着为法国拘留营的囚犯准备一些书，多萝西·里德谨慎小心，倾向于以志愿者和美国红十字会等组织的名义提供书籍，但纳粹当局不允许这些要求。法国士兵服务局被迫关闭，剩下的书被送到法国的监狱、医院和英国拘禁营。

尚布伦伯爵夫人、多萝西·里德和其他工作人员忍受困难和危险，以勇气和毅力保持巴黎美国图书馆的历史角色，这是一个适应和生存的故事。德国官员的巡查是纳粹对法国和外国机构彰显权威的一种途径。当柏林图书馆馆长海曼·富克斯（Hermann

1942 年的巴黎美国图书馆

Fuchs）博士穿着普鲁士式制服到达图书馆时，多萝西·里德并没有认出他。然而，当富克斯热烈地迎接里德时，里德的焦虑得以缓解，并回忆起他们以前在国际会议会面的情景。伯爵夫人认为里德和富克斯"彼此高度尊重，所以一切都从那个时刻顺利开始"。富克斯不仅赞美国图书馆，而且宣称"欧洲没有比这里更完善的图书馆，并承诺在德国占领期间，图书馆会保持开放并继续正常运作"。但富克斯补充说："你必须受到某些规则的约束，某些人可能禁止进入，某些书可能无法传播。"当里德问图书馆是否被要求销毁这些书时，富克斯博士愤怒地回答："不会！像我们这样专业的图书馆管理人员不会毁坏书籍！我是说它们不能流通。"

　　虽然德国的审查制度对图书馆来说是一个相当小的问题，但里德却对另一个问题深感不安——纳粹警察规定不允许犹太人进入图书馆。除了为犹太用户提供"地下"服务外，图书馆继续照常运作，并获得订阅费的稳定收入。

怎么看待美国图书馆在特定体制内的适应和生存？理查德·斯科特（W. Richard Scott）在《制度与组织》一书中写道："组织会受到影响甚至被环境渗透，但它们也能够创造性地、战略性地对这些影响作出反应。通过与面临类似压力的其他组织一起行动，组织有时可以反击、遏制、规避或重新定义这些要求。"

美国图书馆在巴黎的生存提供了案例，证明一个机构如何克服了一些限制灵活地生存下来。美国图书馆得到了美国大使馆、法国政府，以及卡内基基金会和洛克菲勒基金会等组织的支持。第二次世界大战期间，美国图书馆成为一个活跃的参与者。直到今天，美国图书馆继续文化知识的传承，图书馆在 2020 年开馆 100 周年举办了庆祝活动。

现在的巴黎美国图书馆

结语

战后，学者们甚少研究纳粹德国占领法国期间（1940—1944）如何抢掠法国图书馆这一问题。归根结底，研究战时掠夺图书的一大困难在于法国保存的原始资料非常有限。但从1947年开始，法国政府解密了1939年至1945年战争期间的档案。这些解密档案列举了占领期间许多被查封的图书馆藏品，成为战后索偿档案、手稿和珍本书籍的依据。另外，法国图书馆前任馆长马蒂娜·普兰（Martine Poulain），在2008年出版的关于法国图书馆研究的获奖著作中，列出了90个人名和机构名称，这些人名和机构名均出现在法国罗森堡特别工作处受害者名单上。但罗森堡特别工作处不仅掠夺了法国图书馆，还大量掠夺了犹太人拥有的艺术收藏品和很多私人图书馆。1945年秋，一支由54列货运火车组成的车队，运送了大约120万本书到明斯克。虽然有三分之二的书来自白俄罗斯和苏联的波罗的海共和国的图书馆，但剩余三分之一的书来自法国和欧洲其他国家。今天白俄罗斯国家图书馆仍然收藏着大量类似的外国出版物。

也许，如何处理第二次世界大战期间被抢劫的文化财产的归还问题，仍将是各国文物及图书管理者关注的议题。

我相信，这些被烧毁的图书馆及被掠夺的图书的命运，能够告诉我们文化记忆的重要性。在战争和社会变革时期，由于书籍和图书馆带有强烈的象征意义，所以它们的存在才会受到威胁。图书馆作为文化记忆的代理人（而不只是知识库），不仅是因为图书馆传承和保存了过去的图书、文献和文化遗产，而且重要的是它们代表了社会的价值观。

　　然而，由于意识形态发生变化，书籍和图书馆的象征意义也会减弱。图书馆馆藏一旦失去其象征功能，或者更糟糕的是，其象征意义不再符合当前的政治和社会环境，它们就注定要被遗忘。所以，图书馆管理员、编目员、馆藏组织者和图书馆历史学家的任务是帮助保存物证，使其可用，并重建这些"被遗忘"收藏品的历史和象征意义，以便它们再次成为文化记忆的代理人。

第八章　风雨飘摇的冯平山图书馆

我心里一直都在暗暗设想，天堂应该是图书馆的模样。

——博尔赫斯《关于天赐的诗》

焚烧是一种快感。看着东西被吞噬、烧焦、变样，是一种特殊的快感。手握铜质管嘴，巨蟒般的喷管将它有毒的煤油吐向世间，血液在他的头颅内悸动，而他的手则是某个让人惊叹的指挥家之手，演奏着各式各样炽火烈焰的交响曲，记录历史的残渣和焦墟。他呆钝的脑袋上戴着号码"四五一"的标志头盔，想到即将出现的景况，他双眼布满橘红色火焰。

——布拉德伯里《华氏451度》

为了写一篇母校的文章，我回到了有着一百多年历史的圣保罗书院。在伍廷芳图书馆的书海中，我找到了一本校刊，瞬间让我回想起中学时那段当值图书馆服务生的岁月。图书馆服务生每星期工作三次，分别在午饭和放学后，我和另外两位学长负责排列、编目新书以及上架的工作，这两年阳光灿烂的日子，增加了我对阅读的兴趣和对知识的渴望。与母校遥遥对望的是香港大学的冯平山图书馆，这座图书馆曾在 1941 年至 1945年间走过了一段风雨飘摇的岁月。几位守书人凭着坚守，特别是图书馆主任陈君葆先生对书籍有如生命般的热爱，守护了许多珍贵的书籍。

香港大学创校于 1910 年。1927 年，在香港总督金文泰的支持以及海内外华商的资助下，香港大学中文系成立。香港本地富商冯平山、邓志昂，分别捐赠香港大学中文图书馆和中文系大楼一座，以此增强中文系的研究资源并加快其发展。

冯平山先生热心文化事业，早在 1925 年，他率先在家乡广东新会建立以其父亲名字命名的景堂图书馆。冯平山大举兴办学校、提倡文教的行为，在家乡传为佳话。20 世纪 20 年代末，香港华商总会了解到香港数十万人口竟无一座公众图书馆的情况，于是由冯平山、李右泉、邓肇坚等人首倡，筹款创办华商总会图书馆。华商总会经过努力筹得开办经费 5000 多元，图书

馆常年费用则由该会同人分担，各行号、商会每年捐助 5 元至
25 元不等，还有热心人士先后捐赠《万有文库》《四部丛刊》等
丛书。图书馆位于干诺道中 65 号华商总会会所 4 楼。1928 年
10 月，图书馆向全港市民开放，至 1936 年藏书已达数万册。冯
平山图书馆，即现今的冯平山博物馆，位于香港大学校园内。
冯平山图书馆由冯平山先生捐款修建，于 1929 年动工兴建，并
在 1932 年 12 月 14 日由港督贝璐主持揭幕。这是香港现代化图
书馆之始，同样体现了华商在推动本地中文教育方面所起的重
要作用。

现在的冯平山博物馆

抗日战争前的冯平山图书馆　　　　冯平山图书馆内部

冯平山先生的孙媳冯美莲女士所著的《庋藏远见冯平山》一书中展示了冯平山兴建图书馆的理想：

> 图书馆为社会教育之一。年来，余所办之景堂图书馆颇见进步。但回观港地，求一稍具规模之图书馆，尚付阙如。……捐图书馆的条件有二：一是该馆除供大学教职员及学生使用外，亦应对外开放，供社会人士使用，因此，该馆应在大学范围内接近公路旁选址；二是该馆永远作中文图书馆之用，庋藏中文书籍，不得作其他用途。

冯平山虽然希望图书馆向全港市民开放，但香港大学限制校外人士入馆，如要进入图书馆需有华商总会司理或公立学校校长的介绍信，才可进入。冯平山图书馆以香港大学中文系的"振永书藏" 3 万册图书为基础，其后陆续购得南海黄氏勖学斋、南海罗氏敦复书室和吴兴嘉业堂藏书，以及大量的现代典籍，图书馆藏书宋、元、明、清版本纷呈，四部齐备。

抗日战争期间，冯平山图书馆成为香港的文化活动中心之一。例如，香港文化界曾在该馆举行多次展览会，由叶恭绰领头成立的"中国文化协进会"成为主办机构。1940年2月，图书馆以"研究乡邦文化、发扬民族精神"为宗旨举办了广东文物展览会，展览现场盛况空前，观众达十多万人。

开幕当天，国民政府在港的一众高官、政要，如广东省省长孙科，都亲临现场。由于华北遭受日军侵略，北平图书馆为了文物和重要国宝免受破坏，已将部分馆藏图书转移到香港。这批文物也在展览会上展出让公众欣赏。

战争前藏书状况

根据香港大学1940年年报显示，冯平山图书馆馆藏4.8万多册中文图书，数量与质量均居30年代香港地区中文图书馆之冠。因战火迁入冯平山图书馆的图书近6.3万册，其中包括广东藏书家徐信符、罗原觉、黄绳曾等人的藏书，这批图书主要是关于粤人的著述和金石、艺术等方面的善本。

在这些藏书家中，徐信符（1879—1947）对岭南地方文献的保存和整理尤为重要，成为爱书人和守书人的典范。徐信符早年因家贫无力购买科举考试的必读书《十三经注疏》和《资治通鉴》。因而他常写文章获取奖学金，拿到奖学金之后才购得这

藏书家徐信符

两套书，此为徐信符藏书之始，由于得书之艰难使他倍加珍爱藏书。

徐信符作为一位备受尊敬的传统学者和教育家，分别在岭南大学和中山大学任教，他的许多学生最后成为著名学者或政府官员。1920 年，徐信符开始在广东省图书馆工作，同时在1928 年建立了私人图书馆——南州书楼，并自题《南州书楼诗》曰：

翰墨生涯作蠹鱼，

北山斜对好安居。

门虽近市何嫌俗，

且拥琳琅万卷书。

徐信符从 1900 年开始藏书之后，花费大量教学所得的工资从当地和省外购买书籍、字画，扩充私人图书馆。徐信符虽然从未整理过私人图书馆的完整书目，但 1932 年他的学生和朋友统计南州书楼的藏书量已达约 60 万册，分别存放在两栋两层楼和一间大型阅览室内，藏书以广东文献、各省通志及广东本省县志最为齐备。著名史学家冼玉清多次拜访书楼阅读及研究藏书，并完成《南州书楼所藏广东书目》一书，阐析明清时期广东名家作品的背景。

中山大学图书馆移存经过

除私人藏书外，冯平山图书馆还接收了广州中山大学图书馆和岭南大学部分价值珍贵的书刊和档案。据 1937 年出版的岭南大学图书馆《馆藏善本图书题识》统计，抗战爆发前，岭南大学图书馆藏有经史子集各类善本图书共计 174 种，11302 卷，另不分卷者共记 30 万册，其中以明刻刊本最多，抄本次之，馆藏最早的版本为元刊本。

1936 年，为了增强中山大学图书馆的馆藏和实力，中山大学校长邹鲁聘请著名的图书馆学专家杜定友担任馆长。杜定友曾于 20 世纪 20 年代主持过广东省立图书馆的工作。杜定友上任后的首要目标是建设新图书馆，他预计这座宏伟的文化地标将于 1939 年 2 月落成。可是随着"七七事变"的爆发，拯救和守护图书变成更加迫切的事情。

图书馆学专家杜定友　　　　杜定友的研究著作

1937 年 7 月 7 日，日本发动全面侵华战争。7 月 30 日，日军 6 架飞机进袭广州，中山大学校园首遭敌机轰炸。9 月 16 日，敌机第二次空袭中山大学后，杜定友这位忧国的守书人带领员工冒着敌机轰炸的危险，将部分藏书迁移至新建工程馆的地下室，但遭到工程学院院长的责备，后者认为地下室是给员工避难用的，从而引起了一场"人重要还是书重要"的争论。

1937 年 12 月 16 日，杜定友在图书馆举行演说，提出非常时期图书馆的工作目标在于：

一为保存本国文献；二为宣扬本国文化；三为增加民族抗战常识。……自东南沦陷，半壁图书，荡然无存，益觉在此呵护文献之责重……我以职责所在，非至最后关头，未敢离去。

1938 年 10 月 12 日清晨，日军在广东大亚湾登陆，广州告急。中山大学奉命西迁，但在时间仓促和经费紧缩的情况下转移 20 多万册馆藏图书是一个大难题。10 月 13 日，杜定友下令全馆职员从当日起，每日晨 7 时至晚 9 时不许离馆，将书架、桌子、黑板改作木箱，至 16 日已将 5 万多册藏书装入 299 个木箱，于是杜定友向学校请求先行起运西迁，以免书籍遭遇烽火。同时，因香港尚未受到日军侵略，杜定友决定将 2 万余册非常珍贵的古籍善本、地方志和 3 万余件碑帖拓片等珍贵文献装入 199 个木箱，转移到香港九龙货仓以免受毁。据中山大学图书馆馆藏岭南大学档案显示，至 1940 年底，因战争局势的恶化，岭南大学图书馆开始着手将馆藏的 91 种书籍文献，包括明清两代修纂的广东各地方志制成缩微胶片，并由岭南大学美国基金会秘书黄念美（Olin D. Wannamaker）、何士健（Harold B. Hoskins）和加利（Melbert B. Cary, Jr.）负责与美国科研学习中心和香港大学等机构联系，以便妥善保存。但在战争的动荡中，有些书或被抢走，或被销毁，或被转移到台湾及日本，状况未明。时过境迁，要弄清楚这个问题恐怕不容易了。

根据《中大图书馆移存书目（1938 年）》中记录，全面抗战前中山大学各院系移存香港的图书数量："善本书 86 箱，11368册；志书 44 箱，13279 册；杂志 23 箱，1061 册；碑帖 19 箱，30000 张；另医学院存书 27 箱，共计 199 箱。"这批文献多为善本、碑帖等精品。

可惜图书馆的藏书未能全部转移，最终毁于战火。后来杜定友曾感言："十万图书化为灰烬，余职司典守，呵护无力，罪该万死，回想前尘，不禁老泪纵横。"

杜定友在《西行志痛》中这样记述中山大学图书馆西迁的经过：

使命：护送图书、脱离险境，由广州运至云南澄江。

行期：自 1938 年 10 月 20 日 0 时 30 分至 1939 年 2 月22 日下午 5 时 30 分，凡 115 天。

行程：经过广东、广西、云南、香港、安南（今越南），停留 18 站，凡 11970 余里。

行侣：离广州时，同行者中大图书馆同仁及眷属43人，中途离队者14人，受重伤者1人，病故者1人，到达目的地时仅27人。

交通：步行、滑竿、骑马、公共汽车、自用汽车、货车、火车、木船、太古船、邮船、飞机。

饮食：餐风、干粮、面摊、粉馆、茶楼、酒店、中菜、西餐，甜酸苦辣。

起居：宿雨、泥屋、古庙、民房、学校、衙门、客栈、旅店、地铺、帆布床、木床、铁床、钢床、头二三四等大舱，天堂地狱。

广州沦陷后130天无县人杜定友泣记。

中山大学图书馆的30万册图书，除去移存香港的2万余册图书和广州沦陷前抢救出来的5万余册图书，留在广州的图书应是22万余册。这些书刊的命运如何？根据当时图书馆员工刘少雄忆述，约在1946年底或1947年初，国民政府从日本追回中山大学所属的图书147箱。这足以说明，当年日军进驻中山大学后，没有放过留在校园内的22万余册书刊，图书成为日军掠夺的重点。经过数年战火的劫难后，最终寻回11180册，其中，中文和日文图书 8347 册，西文图书 2833 册。

广州沦陷前，杜定友将中山大学图书馆所藏的全部善本、志书约 25 万余册，碑帖 3 万张移存到香港九龙货仓，但香港沦陷后，这批珍贵文献的命运又如何呢？

日军占领香港后四处搜掠文物、书籍等有价值的东西。日军曾多次到香港大学图书馆和冯平山图书馆搬运图书，并扣留当时冯平山图书馆主任陈君葆，中山大学图书馆的珍贵文献也在劫难逃。根据历史学家博克塞（Charles Ralph Boxer, 1904—2000）的日记忆述，意大利领事罗斯在日军占领香港时期掠夺大量

历史学家博克塞

古物和古书，其中包括中山大学图书馆的藏书。在第二次世界大战末期，领事罗斯经济断绝，将这批图书以 150 万元日军军票，转售给日据台湾总督府。

日本投降后，杜定友去信友人陈君葆和北平图书馆驻港办事处何多源，欲了解这批文献的去向，陈君葆回复：1946 年 1 月 16 日，在太古仓库第 6 仓发现 100 箱图书，属于广州市图书馆和邓仲元图书馆的明版古书被发现，但并没有中山大学图书

馆图书的踪影。1月22日，陈君葆再次去信告知杜定友：在香港永源货仓发现了中山大学图书馆的171箱图书，其中有碑帖，也有英文书。这批书当年被存放在九龙货仓，抗战胜利前，被日本人移至西环永源货仓。这批书原有199箱，现剩171箱，失去28箱。杜定友得知后，立即写信向当时的广东省政府主席罗卓英报告。

抗战胜利后，这些曾经消失的图书再被寻获，杜定友感到欣慰，但他仍须说服图书馆的其他负责人，才能运回失书。最后，在陈君葆极力主张下，经省港两方交涉，3月16日，杜定友亲赴香港接收这171箱珍贵的善本、志书、碑帖等文献，并经西安轮船运抵广州。

岭南大学图书馆移存经过

岭南大学图书馆的命运和中山大学图书馆一样，曾走过了一段崎岖的路。当日军登陆大亚湾后，岭南大学图书馆馆长王肖珠带领一班工作人员，将首批图书约1250种，运送到香港司徒拔道岭南分校。其后，又将原有馆藏2万余册的善本图书分装成12箱迁至香港冯平山图书馆，其余15万余册藏书被转移到校内美国基金会马丁堂内保管。

根据岭南大学图书馆的档案记载：1938—1941 年的三年困境中，图书馆仍不断增加藏书，特别是馆藏的广东文献，可称得上善本者计有 15 种：

有汇集唐、宋、明三代粤人所作事理疏议、礼类杂文、事类杂文、理类语录和事类语录的明刻本《岭南文献轨范补遗》（6 卷，明杨瞿崃编），是书现仅中国国家图书馆、山西图书馆、广东省中山图书馆、中山大学图书馆和"中央图书馆"台湾分馆有存。有明代粤人之文集，如陈献章撰、湛若水注《白沙诗教解》（存 8 卷，明隆庆元年刊本），庞尚鹏撰《百可亭摘稿》（9 卷，明万历刊本），区越撰、余一鹏校、周鲲编《区西屏集》（10 卷，明万历刊本），区元晋著、郭梦得校《区奉政遗稿》（10 卷，明万历四年刊本），李时行的《李驾部集》（5 卷，清乾隆刊本），黄瑜的《双槐岁抄》（10 卷，明刊本）。

但香港沦陷后，岭南大学师生唯有再次停课迁回内地。1942 年 4 月，岭南大学在韶关曲江县仙人庙镇大村复校后，馆长王肖珠在临时校舍内建立图书馆，直至抗日战争结束。1945
年9月5日，王肖珠返回康乐校园并开展图书清点和追回工作。
根据统计，至1941年底香港沦陷前，图书馆在广州和香港两地
已合计拥有藏书约20万册，其中中文藏书约14.2万册，外文藏
书约5.88万册。1946年3月，王肖珠组织人员由香港运回图书
杂志共18320册，其中：中文图书4843册，西文图书3531册；
中文杂志已装订者225册，未装订者4066册；西文杂志已装订
者108册，未装订者5188册；另有已装订日报359册。

抗战胜利后，曾任岭南大学图书馆中文部主任、代理馆长
何多源在《广州香港各图书馆近况》中指出：

岭南大学图书馆藏书约有18万册，比战前少了约2万
册，但若把战争而损坏、被盗或以其他方式损失的藏书计
算在内，则恐怕少5万—6万册。若按价值计，存于香港的
藏书损失较为严重。

岭南大学图书馆在香港的藏书损失情况如下：（1）寄
存般含道中国文化研究室的图书杂志约11000册（内有《大
清历朝实录》1120册）全部散佚；（2）寄存司徒拔道岭南
分校的善本图书12箱中失去第6箱，内藏《通报》（*Toung*

Pao）全份，《中国丛报》（*Chinese Repository*）两整套，影印明本《金瓶梅词话》及 4 种罕传广东县志全部散佚，至于保存在香港大学冯平山中文图书馆的图书因有人保管，则损失甚微。

情义守书人陈君葆先生

在香港沦陷前后的 10 年间，冯平山图书馆有一位学者文人在最困难的环境下仍坚守岗位，守护了中外人士与各大图书馆寄存于冯平山图书馆的 24.13 万多册中英文书，他认为每一本前人留下来的藏书都是值得爱惜和珍重的。他便是我十分尊敬的冯平山图书馆馆长陈君葆先生。

陈君葆（1898—1982），出生于广东省香山县三乡镇平岚乡（今中山市三乡镇平南村），号水云楼主，著作有《水云楼诗草》《陈君葆诗文集》及《陈君葆日记全集》等。陈君葆 11 岁时随祖父移居香港，就读于皇仁书

陈君葆先生
（由香港特区政府档案处提供）

院，后考入香港大学文学院。大学毕业后，陈君葆前往新加坡华侨中学任教，后出任马来西亚视学官。1931 年 9 月，陈君葆从马来西亚回港，于 1934 年受聘母校香港大学，1936 年正式接任冯平山图书馆馆长兼文学院教席。陈君葆任职期间，与许地山、马鉴共同推动新思想教育。

1941 年香港沦陷翌日，日军调查班班长宫本博少佐命令日籍商人竹藤峰和几名日军军官前往冯平山图书馆"视察"藏书情况。他们发现了 110 箱来自国民政府中央图书馆的善本书籍。这些书计划寄给国民政府驻美大使胡适。1942 年 2 月，这批图书和寄存该馆一楼的 300 箱图书——箱面上写明"寄东京参谋本部御中"字样——一并被日军掠夺。日军侵占香港后，搜查了香港大学，并查封冯平山图书馆，将其改名为"香港占领地总督部立图书馆"。战时，陈君葆不忍见文献散失，在把妻子、儿女送往澳门和内地后，独自留港将馆藏图书妥善保存。当年经陈君葆移存的私人藏书和政府机关（包括高等法院图书馆、生死注册处、教育司署等）、学校、团体文献总计达 241340 册。不久，陈君葆被日军拘留，并多次接受审讯，他后来回忆起这段战时经历时写道：

那天下午（1942 年 1 月 10 日），我的房子被搜查。直到那时我才被允许回到自己的房子。从那时起直到 1942 年 2 月 9 日，我被要求大部分时间待在大楼里。在这里，我目睹了来自城市各地、政府部门和大学的所有书籍、期刊等印刷品。他们作了选择，并把所有书籍装箱运往日本。所选材料从善本、政府报告到旅游文献和地图，特别是马来亚、菲律宾、印度、锡兰、非洲、荷属印度和澳大利亚，所有与这些地方有关的政府报告和印刷品都经过精心整理被送走。

（1942 年 2 月 9 日）他们告诉我，现在我可以回到大学自己照顾图书馆。然后，我的任务是在大学图书馆收集所有政府办公室和其他所有"无人看管"的书籍，重新编目所有的书籍，从而检查大学和其他馆藏的损失。

1942 年 6 月 20 日，作为管治手段，日本军政府宣布将在香港设立一座公共图书馆。日本军政府还宣布，民政事务总署文化处已在冯平山图书馆设立公共图书馆临时办事处，为建立公共图书馆做准备，这是一处为公众提供阅读和研究的文化场所。然而，由于战争期间资源短缺，日本人花了将近两年时间才完成准备工作，图书馆于 1944 年 12 月 5 日由香港占领地总督田中久一揭幕。

这座图书馆被命名为"香港公民图书馆"，位于中环花园道梅夫人女青年会（Helena May Institute）的一栋三层楼建筑内，每天开放时间从上午 9:30 至晚上 7:30，日本假期时除外。成人和儿童阅览室分别位于一楼和二楼，可容纳 42 名成人和 43 名儿童。根据杜威分类法记录的库存为 14932 册，大部分图书从冯平山图书馆转移。最初所有图书仅供阅览，开放后的前两周每天平均有超过 200 名用户登记。1945 年 6 月 26 日起，日本人被允许借书，但是每天平均用户数降至约 60 人。由于香港的大多数中国人都面临饥饿，很少有中国人能够使用图书馆。而且，为了避免被日本巡逻士兵杀害和躲避美国轰炸机空袭，他们选择留在家里。当日本人在 1945 年 8 月 15 日投降后，该图书馆的简短历史结束。

日军投降后的冯平山图书馆
（香港特区政府档案处提供）

通过陈君葆的亲笔记述，我们略知当年守护图书的艰辛。1942 年 2 月 4 日，陈君葆在日记中写道：

> 如果有人问说是事不干己，何用乎如此勇往直前，则我亦不自解何以这样，不过慷慨赴义，我从来处世便是这样的态度，冯平山图书馆的事本来我可以置之不理的，但为着中央图书馆的一批书，为着要顾全别人，我竟动于一"义"字而不顾一切了。

> 1943 年 2 月 17 日，星期三。晨到调查班，与堀内先后分别到邮政局楼上和西环海旁"总督部材料仓库"看各所存的书籍。邮局那一批有不少英国医学会的书籍，杂志也不少；材料仓库的一批，有一部分是从渣甸洋行移来的，所以有裴德生的书，也有 E.C.Ma 的书，但马是何人，想象不出。此外，这仓库有廿多箱中文书籍，据说是一间书店补封后而撤到那里去的，其中不少开明书局的书。总督部的人本拟把它拍卖或焚掉，但我坚持以为应统通移到馆内去，然后分别拣择定去取。下午我在调查班遇本，彼亦以为然，遂决定完全搬取。

> 1943 年 3 月 12 日，星期五。晨与堀内到邮政局屋顶的

一小室看一批东西，由邮政局长引导，至第四层，改沿一度很窄能容一人走的楼梯，才能达其地。那储藏室却是邮政局大楼许多小塔之一；四周没有窗，我们走至梯顶，把那很重厚约 6 寸的门推开，里边漆黑如墨，一股尘灰的气直冲嗅官，不可耐，把电灯开上后，细细一看，原来整批生死注册处的簿册都在这。此外还有许多医务总监的文件也保存着。堀内问我这批东西，我说明了它的重要性，主张把全部都移到图书馆去，最好连铁架都移去。

2002 年，时任冯平山图书馆馆长的李直方访问了当年图书馆的工作人员伍东琼，他对当时的情景作了详细的描述：

1941 年 12 月 8 日香港沦陷。我兄长生病，嫂产子不久，母亲不许我离港。我往访马鉴教授，见他在寓所准备逃亡。陈君葆先生时任冯平山馆长，被日军留住，于是请当时无法离港的几位亲友和我帮忙。我就在这患难时刻与图书馆结下不解之缘。

在那三年多期间，陈馆长命我为藏在冯馆和邓志昂中文学院的部分书籍编目。我只好速读图书馆学各书，作无师自通的学习编目法，结果当然是错漏百出。幸初时暂留在冯馆的几位同事，尤其是许地山夫人（许教授不幸于1941年夏逝世）给我极大的帮忙，很感谢他们。马鉴教授藏在中文学院的书，也是我当时编目的，以经、史、子、集分类。（战后该批书籍由美国 University of Virginia 购入，女士手写目录亦随书送往。）

在港沦陷前，广州岭南大学与南京中央图书馆善本书均已寄存在港大。后者的主事人原拟将该批善本寄往美国，以便保存。不料香港沦陷，书未寄出。幸这两批和其他藏在冯馆的书，日后都分别物归原主。

抗战后期，盟军飞机空袭香港，目标在今日金钟一带，但炸弹不时落在湾仔、中环、西环。旧馆四面皆长窗，我无处可避，唯有躲在钢书架旁楼梯底。

1945 年 8 月中香港光复。盟军登陆之日，我回冯馆时见人拿着有 "HKU" 字样的桌椅经过，知是从中文学院偷出的，赶到该院，仍有人在搬走家具，连大书柜也搬出。我电话请陈馆长来镇压，彼命我劝止他们，云不用怕，因香港只有几枝枪。我只有劝他们不要搬走书籍。家具损失不少，幸好书籍却保下来。

抗战胜利后，陈君葆全力追寻消失图书的下落，并在 1946 年 1 月 25 日到海军参谋情报处，约请英军上尉端纳到高等法院审问竹藤峰。竹藤峰承认日本人占领香港后曾多次到香港大学图书馆，但坚决不肯承认是他引领日军来搬运图书的。竹藤峰辩称忘记了冯平山图书馆楼上的 110 箱书，并抵赖运走图书和扣留陈君葆的事实。

　　终于，陈君葆从好友博克塞处得知消失图书的信息。1946 年 6 月 16 日，博克塞从日本写给陈君葆的信中提及，他在东京上野公园的帝国图书馆发现了冯平山图书馆的图书。博克塞在信中说他发现整部自己的书后立刻把它们抢回——全部约千册左右转移到英国大使馆。博克塞离日返美后又致信陈君葆详细说明，他写道：

　　　　同时，除了我自己的书外，我又在上野公园的帝国图书馆发现自香港移来的中国政府的书籍。我立即报告东京的中国大使馆，把陈君葆信内对这事的记述告诉了他们。因此，我希望中国政府不久将会寻回那些图书。但最好陈君葆也写信到东京的英国或中国大使馆交涉，把详细内容举出，说明什么书曾从港大搬出，这样则能全部取回无疑。

请为我多谢陈君葆，并告诉他那些书是先寄到东京的参谋本部，再从那里移到文部省（Mombushio），更或由文部省转移到上野公园帝国图书馆的，其时约为1944年夏季。文部省的Sekiguchi与Tanaka教授均知其事及书之所在。陈君葆可说我曾在东京目见此各批图书，能够作证……

另外，日本汉学家、藏书家长泽规矩也曾在《古书的故事——书志学入门》（1976年）中，记述他整理中国古籍的机缘：

战时，中华民国运抵香港的古籍原本打算送到美国，这批古籍在香港的冯平山图书馆被日军接收后送到东京。陆军对这个情况感到困扰，于是将这批书又送到了文部省；文部省也感到困扰，于是将其送到了帝国图书馆；即使是图书馆也苦于难以整理。当时的部长冈田是我的同窗，他拜托我来负责整理这批古籍的任务。我接受了他的邀约，于是我的图书整理工作又开始了。

长泽规矩也的修复工作不到半年就因美军空袭而停顿。这批图书被转移到上野公园帝国图书馆的地下室内，直至战后再被寻回。于是，那些消失的、被抢走的书刊和字画再次回到冯平山图书馆。其后，图书按不同的编排，一部分留在本馆，其余图书经过整理和点算后被运回广州、南京、上海和北京的大学图书馆，回到它们的书架上。同时，被寻回的还有医务总监发出的文件和生死注册处的记录册，这为战后确认居民身份发挥了很大的作用。

结语

作为爱书人，我们永远忘不了因阅读而得到的满足，或愁或喜，透过文字，欣然发现每一册书自有它的生命与活力。知识分子陈君葆先生在护书、救书上的贡献足以打动人心。在香港沦陷的三年零八个月的艰苦岁月里，他与宝贵的书籍不离不弃，流露出一份赤子之情。在2018年初的一次公开讲座中，香港大学冯平山图书馆副馆长陈伟明先生，再次感谢陈君葆这位有情义的守书人，感谢他把人类走过了几个世纪的历史记忆，妥善地保存在图书馆和档案馆的书架上；感谢他在战争的阴影和黑暗中，仍深信书本可以创造光明和新的希望。

第九章 "泥泞天使"：拯救佛罗伦萨国家图书馆的灵魂人物

> 他们不求任何回报，他们想要的只是拯救文化。他们试图营救佛罗伦萨国家图书馆、国家档案馆中被泥土覆盖的重要文化遗产……这是一种独一无二的体验，书籍一本接着一本从泥土和碎片中被救出来。
>
> ——乔治·巴蒂尼（Giorgio Batini）

对意大利人来说，1966 年是个不错的年份。经历连续 12 年的经济高速增长，意大利同欧洲邻国相比，国民生产总值排名第二，成为战后经济一大奇迹。佛罗伦萨这座从罗马帝国时期的军事重镇，到中世纪金融与工艺纺织中心、文艺复兴的宝库，已悄然在阿尔诺河畔走过了两千多年的岁月，孕育了如达·芬奇、但丁等无数文化艺术和思想领域的杰出人物。

但是生活在这里的佛罗伦萨人，一直同洪水对抗，佛罗伦萨人认为洪水比战争、疾病以及死亡更令人恐惧。1333 年、1577 年、1666 年和 1844 年，洪水数次席卷这座意大利艺术之都。无数艺术珍品和佛罗伦萨人的家园被洪水冲毁，沉入泥泞的河床中。佛罗伦萨城变为沼泽地，有三分之二的土地被淹，诗人但丁《神曲》中"炼狱篇"的预言实现了：河流变成了一个"诅咒的壕沟"，但丁看到"阿尔诺河那可爱的绿色河岸"变成"泡沫和泥泞"。

　　1966 年 11 月 4 日晚上，倾盆大雨伴着暴风令意大利的阿尔诺河和波河的河水猛涨，第二天凌晨，阿尔诺河冲破了市区的河堤，河水淹过了街道，水位上涨到民宅的二楼。无数人一觉醒来发现他们的居所已经淹水，城中大部分地下室变成水窖。市民在惊恐中不断呼喊，

佛罗伦萨洪水的痕迹

等待救援。他们走上天台，看着楼下汹涌的洪水冲击着每一座楼房。

　　圣十字区内路上设置的路标，记录下最高水位：4.92 米。

洪水裹挟着大量的泥沙冲入城中的博物馆和图书馆，其中乌菲齐美术馆内的许多艺术珍藏被浸毁。含有黑色原油的滔滔洪水对艺术品与图书造成灾难性的影响，无数宝贵的文化遗产面临毁灭。洪水在两天后才退去，灾后的佛罗伦萨成为一座荒凉的孤城。佛罗伦萨国家中央图书馆的 13 万件馆藏，有三分之一被损坏，包括文艺复兴时期的版画、中古时期的地图、19 世纪的海报及报纸等。几千件珍贵手稿原件被埋在泥泞深处，真是一场文物大灾难！

1966 年佛罗伦萨大洪水（由伽利略博物馆提供）

爱默生说过，图书馆是一座神奇的陈列大厅，在大厅里人类的精灵都像着了魔一样沉睡着，等待我们用咒语把它们唤醒。

图书馆不是书库，它是与那些精灵对话的场所，每本书都满载着业已逝去的时光的含义。而在意大利的佛罗伦萨国家中央图书馆更是知识的宝库。

佛罗伦萨国家图书馆的历史

佛罗伦萨国家图书馆始建于 1714 年。这一年，意大利人安东尼奥·马利亚贝基（Antonio Magliabechi）逝世。马利亚贝基是图

佛罗伦萨国家图书馆

安东尼奥·马利亚贝基

书管理员、书目目录学者兼藏书家，他在生前立下遗嘱，愿将约 3 万册的藏书捐赠给佛罗伦萨市。他向朋友兼遗嘱执行人切斯·科马尔米定下明确的目标：首先，希望图书馆能够促进研究，促进美德和科学的探讨；其次，希望我所有

书籍的存在，像在韦奇奥宫（马格利贝奇的居所）的两个房间里一样，为了城市的公共利益，特别是对没有能力购买书籍的穷人、神职人员和世俗人士而建立。

最初，图书馆被称为马利亚贝基图书馆，并于 1747 年向公众开放。马利亚贝基出生于 1633 年 10 月 8 日，他在 16 岁那年成为一家珠宝商店的金匠，直到 40 岁。在这段时间里，马利亚贝基开始研究文学并购买大量书籍，荷兰著名教授海曼拜访他时，发现马利亚贝基的每个房间只留有一个狭窄的通道，让人侧身从一个房间走到另一个房间。马利亚贝基家里的所有房间都堆满了书，不过这并没有给他造成困扰，因为他知道每本书的确切位置，并能够找到他想要的书。

马利亚贝基被形容为"一个古怪的老单身汉"。尽管其貌不扬，但他被佛罗伦萨的人民所崇敬。由于马利亚贝基卓越的才能和对书籍的广博知识，公爵科西莫三世委任他为私人图书馆的管理员，这意味着马利亚贝基除了可以阅读自己的藏书外，还可以细阅公爵的藏品。

1861 年，马利亚贝基图书馆与帕拉蒂娜图书馆合并，成为佛罗伦萨国家图书馆，并于 1885 年被命名为佛罗伦萨国家中央图书馆（Biblioteca Nazionale Centrale di Firenze，简称 BNCF）。

自 1870 年以来，佛罗伦萨国家中央图书馆一直是意大利图书的存放处，意大利出版的每本书的副本都缴送到该图书馆。图书馆收藏了数百万亲笔签名的手稿、信件和书籍，其中包括许多罕见的版本。不幸的是，1966 年阿尔诺河的洪灾损坏了该图书馆近三分之一的馆藏，其中最著名的是它的期刊以及帕拉蒂娜和马利亚贝基的藏品。

拯救图书馆的灵魂人物

在 1966 年 11 月的那些可怕日子里，全世界都认识了当时佛罗伦萨国家中央图书馆的馆长——埃玛努埃莱·卡萨马西马（Emanuele Casamassima），他因在阿尔诺河河水泛滥中拯救佛罗伦萨国家中央图书馆而闻名。这位拯救图书馆的灵魂人物，竭尽全力将洪水对图书馆造成的损失降至最低，赢得世人赞许。

埃玛努埃莱·卡萨马西马
（由伽利略博物馆提供）

埃玛努埃莱·卡萨马西马生于 1916 年 3 月 14 日，他在罗马接受中学教育后，就读于非常注重科学和艺术宗教培养的纳扎雷诺大学。卡萨马西马曾在意大利军队服役，并参与了对德国占领的抵抗，他拥有一种坚毅不屈的精神。1949 年，埃玛努埃莱·卡萨马西马开始在佛罗伦萨国家中央图书馆工作，他的首要工作是对国际书目标准化，并更新中央编目和国家书目。1956 年，卡萨马西马帮助佛罗伦萨国家中央图书馆第一次出版了意大利图书馆主题清单（*Soggettario peri catalogue delle Biblioteche italiane*）。卡萨马西马领导罗马中央图书馆期间，他加强了图书馆古代文学手稿的馆藏。卡萨马西马为意大利编辑了《意大利语》（1955—1961）这本巨著，同时又编写了许多传记、书目学和古迹保护等内容的书刊。卡萨马西马的研究在 20 世纪 60 年代的前半期达到高峰，包括研究 15、16 世纪和早期印刷书籍的课题，特别是探讨编码的方法。

1965 年 4 月 1 日，卡萨马西马回到佛罗伦萨，担任佛罗伦萨国家中央图书馆馆长，但是次年 11 月 4 日，洪水严重毁坏图书馆的大量馆藏，泥浆和燃油涌入佛罗伦萨的低洼区域及其周边地区，造成人员伤亡和财产损失。佛罗伦萨国家中央图书馆地下室和地面楼层中有超过 100 万册图书被淹，印刷和照相设备遭到破坏，卡片和图书目录严重受损。然而更严重的是，建筑物的墙壁受潮后，变得容易发霉，即便是位于较高层的手稿收藏品也面临着直接威胁。

佛罗伦萨图书馆被淹图书
（由佛罗伦萨图书馆提供）

面对被淹的100万册图书，下一步的问题是如何处理它们：是否应该修补、缝合撕裂的和碎片化的书页？是否应将油渍和泥渍漂白、美容修复或保持原样？如何平衡未来的读者、学者的需求和作为审美、历史对象的书籍、手稿的完整性？在有限的时间和金钱下，是全力拯救、收集19世纪意大利出版的报纸，还是15世纪文艺复兴时期意大利著名政治思想家和哲学家马基雅维利（Machiavelli）的一封信？

卡萨马西马根本不知道，他也没有多少时间考虑这些问题，时间是至关重要的。卡萨马西马在各条战线上采取行动，寻求对图书馆及其藏品的支持，这些支持来自不同团体、专家及众多叫"泥泞天使"的志愿者。

当文明受损时，被唤起的一定是文明本身！

消息传出后，从世界各地赶来众多志愿者。佛罗伦萨市民暂停处理淹在水里的个人财物，与外来的志愿者同心协力、不分你我，展开了一场文物大救援。救援的目的只有一个：从各个博物馆、美术馆、图书馆以及教堂的淤泥里抢救历史文物与艺术遗产。欧美各国的专家及团队带来以往救灾的经验，提高了清理工作的效率。身在法国的绘画大师毕加索也卖画捐助，因为他知道这些濒危艺术品的价值，它们如果被毁，损失将是无法弥补的。

各国名人政要纷纷伸出援手，成立募捐团队，其中包括美国救援意大利艺术委员会，这是一个由杰奎琳·肯尼迪·奥纳西斯（Jacqueline Kennedy Onassis）主持的文化组织，专门负责壁画的修复工作。而意大利当代艺术家出人意料地制订了一项非常重要的计划，除修复作品外，他们在目睹几百年的艺术风潮后，决心为未来的传承打下基础，收藏一些鼓励未来艺术的当代艺术作品。

"泥泞天使"大多是年轻人。谁也没有统计到底有多少人参与了这场文明大救援，谁也不知道这些年轻救援者的姓名与国籍。今天，在乌菲齐美术馆里可以看到关于他们救援情景的记录，其中一些照片显示人们用木板清除污水、搬运雕塑，以及细心清理古籍中泥沙的情景。展览中的文字指出："他们食物短缺，水很少，在最初几天里几乎没有任何设备，他们不得不在泥浆和污秽中工作，但他们并未因此放慢工作速度。从黎明到黑夜，他们没有任何休息……"

在一篇题为《行动在黑暗与泥泞之中》的文章中，意大利《新邮报》的记者乔万尼给这些来自全国乃至世界各地的志愿者取一个称号——"泥泞天使"（Erasmo De Angelis）。因为天使是从天上飞来的，并带着爱意，对人间的爱和对美好文明的爱。从此，"泥泞天使"成为赞美在意大利洪水中挺身而出的救援者的称号。数周内，"泥泞天使"们在商店、教堂、博物馆、国家图书馆和国家档案馆的地下室中，夜以继日、无私奉献，争分夺秒地挽救宝贵的文化遗产，激发令人难以忘怀的人道主义精神。

泥泞天使 a

泥泞天使 b

除佛罗伦萨国家中央图书馆受到严重损毁外，其他文化机构也难逃一劫，包括佛罗伦萨主教座堂（Archivio di Opera del Duomo）档案馆中 6000 份文件和 55 份泥金装饰手抄本（illuminated manuscript）。而另一间坐落于斯特罗齐宫（Palazzo Strozzi）的加别尼图·维厄瑟图书馆（Biblioteca del Gabinetto Vieusseux）大约 90% 的藏书（共 25 万册，装到箱子里排列超过 6 公里）被淹没在洪水中，图书被水淹后变得肿胀和扭曲，其中包括浪漫文学和意大利复兴运动（Risorgimento）历史的主题图书。根据当时图书馆馆长亚历山德罗·邦桑蒂（Alessandro Bonsanti）的回忆，水灾后，受损图书被放置在宫殿房间的地板上通风，然后进行洗涤、吹干和消毒。随后，其中受

加别尼图·维厄瑟图书馆

加别尼图·维厄瑟图书馆被淹的图书

到严重破坏的被运送到加卢佐的切尔托萨（Certosa del Galluzzo）进行特别修复。修复者根据书写的语言分类，用不同颜色的封面装订：红色代表法语、蓝色代表英语、黑色代表意大利语、绿色代表德语和其他语言。这些被淹没和修复过的书籍曾见证了多位著名的读者——叔本华、陀思妥耶夫斯基、亨利·詹姆斯和 D.H. 劳伦斯等，他们经常光顾这座由日内瓦商人焦万·彼得罗·维厄瑟（Giovan Pietro Vieusseux）在 1819 年创立的图书馆。

2016 年，一场国际美术馆的会议上，美国一间民间美术博物馆的馆长安妮，在演讲中提到自己的一件往事，就是佛罗伦萨发生洪水这件事。那年她 18 岁，正在学校读书。安妮在父亲的建议下，跑到意大利参加了这场文明的救援。安妮馆长说，这次拯救人类文明的义举使她受用终生，从此她懂得了什么是责任，并把保护工作看得分外重要。

英国专家的支持

除了"泥泞天使"，英国的专家也提供了帮助，特别是来自伦敦和牛津的，了解纸张、印刷文本、手稿等方面的保护及修复专家。在大洪水发生三周后的 11 月 25 日，卡萨马西马联络大英博物馆，又与英国皇家艺术学院的彼得·沃特斯（Peter Waters）取得联系。卡萨马西马知道，只要得到沃特斯的专业意见和支持，图书的损失便可以明显减少。英国书匠和修复专家彼得·沃特斯，在吉尔福德艺术学院（Guildford Arts Schools）攻读书籍保护学专业后，到伦敦皇家艺术学院工作。1956 年，沃特斯成为鲍威尔和沃特斯公司的合伙人。从 1956 年到 1971 年，沃特斯为私人收藏家的博物馆制订了一系列修复计划，并同鲍威尔一起修复都柏林三一学院（Trinity College Dublin）和温切斯特大学（University of Winchester）图书馆内一些十分有价值的书籍。

1966 年，沃特斯担任佛罗伦萨国家中央图书馆顾问和修复受损藏品的技术总监，主要负责设计和整合修复系统。1971 年，沃特斯被任命为国会图书馆保存办公室的主任，他开创了保护馆藏书籍手稿、地图和其他档案数据的新概念。沃特斯深受包豪斯在设计中"适合目标"的观念的影响，通过对书籍结构的广泛了解，提出了"分阶段保存"的概念，并制定了从个人书籍的保护到综合措施的规划。

1966 年 11 月 26 日，沃特斯陪同文献修复专家安东尼·凯恩斯抵达佛罗伦萨，牛津博德莱安图书馆的克里斯托弗·克拉克森后来也加入进来。他们花了两天时间了解图书馆的现状。与卡萨马西马会面后，他们对观察到的所有问题提出了解决方案，包括清洗、烘干和用纸包装书籍等方面。沃特斯提出建立一条生产线，将每一本书的洗涤、吹干、拍照、杀菌及用处理过的纸包好，然后送到专业处理的工具室修理或重新装订后放回架上。

佛罗伦萨国家中央图书馆的图书修复

英国人还设计、制作了40个不锈钢洗涤器，由沃特斯领导的评估小组浏览、检查了每本书，精心关注损伤并决定所需的处理办法，评估小组将图书分配给主要责任小组跟进，同时发出指令，确保为原件的每一页拍摄，以供将来参考。一般每本书大约需要清洗4小时，有些较严重的图书甚至需要用小刀一页页把泥浆刮掉。

除了"泥泞天使"的热情，美国参议员肯尼迪捐出300万美元支持书籍修复，他忆述当时的心情：

我记得我在日内瓦的一个关于难民的会议上得悉此事，我很想亲眼看看发生了什么，所以当天飞到了佛罗伦萨。下午5点我到达图书馆，向下看被淹的地方。没有电，只有大量的蜡烛提供必要的光线来挽救这些书籍。

天气非常寒冷，但我看到学生们站在水中，形成了一条传递书籍的路线，以便他们可以从水中回收，然后把书送去安全的地方，并在上面放置防腐剂。无论我到哪里，都有成百上千的年轻人聚在一起展开救援。

看到年轻一代都团结一心、共同努力，实在令人难以置信。这让我想起了美国的年轻人，他们以同样的决心参与了民权运动。当我登上飞机回到日内瓦的时候，我还在颤抖，但我无法停止想象那令人印象深刻的场景——学生们不惧寒冷和浑浊的泥水，集中注意力在闪烁的烛光中静静地保护书籍。我永远不会忘记。

来自世界各地的年轻志愿者，穿着橡胶靴，戴着防毒面具，以保护他们免受污水和腐烂皮革染料的污染。卡萨马西马夜以继日地挽救图书馆中无价的收藏品，并将它们送到观景城堡（Forte Belvedere），交给一批来自海外的修复专家。1966年的悲剧令佛罗伦萨成为世界上最重要的书籍修复中心。卡萨马西马宣称他的图书馆是一个"开放的城市"，呼吁那些关心佛罗伦萨文化的人支持图书修复工作。因此，这位具有魅力的图书馆馆长在保存和修复图书馆方面开辟了新的空间，抵抗了来自罗马中央政府的官僚政策。

卡萨马西马在1970年9月退休前，撰写了若干份重要报告、备忘录、关于佛罗伦萨国家图书馆服务和机构合作的9点建议，并发出一个警告：

在规划国家未来的所有前瞻、研究、关怀和知识方面，如果没有意识和果断地考虑到时代的变化和合理的新要求，就会变得毫无意义。集中管理的威权主义不再符合时代精神，也不符合大型图书馆的复杂、明确的功能……然而，从现在起，可以肯定的是，即使在意大利行政管理的僵化框架中，也可以引入民主和自我导向的原则，至少为其成功创造了首要条件。

1988年9月12日（星期一），卡萨马西马乘坐巴士从佛罗伦萨回家时，心脏病发作，不幸去世。卡萨马西马留下的拯救图书的无畏精神将永远载入这座城市的记忆。

结语

1966 年 11 月 4 日，佛罗伦萨的阿尔诺河洪水造成如此巨大的影响和破坏，主要在于事发时几乎没有任何适当的紧急应变措施，部分原因是历史上此地在相当长的时间里没有经历过如此严重的灾害。这座城市的大部分居民并不知道灾难即将降临，他们安然熟睡，直到洪水涌进家中。

为了纪念半个世纪前这场有意义的文明大救援行动，乌菲齐美术馆在 2016 年举办了一场专题回顾展，展出当年摄影师拍摄的、记录着世界各地志愿者抢救乌菲齐美术馆的点滴。照片展现了洪水冲入乌菲齐美术馆门廊后，大量文艺复兴时期的家具、挂毯、雕塑、绘画，以及修复室里壁画被损毁的惨状。而这些都是价值无可估量的艺术珍品。

虽然佛罗伦萨洪水是一件令人痛心的事，但也带来了积极的影响——提高了佛罗伦萨人的防灾意识。自然灾害激发了一个刚刚起步的保护小组的行动。在这几十年间，连续几代专业人员推进了保护的实践，使人们充分了解到文化遗产的价值，并提高了文物保护的科学技术水平，集中精力预防未来灾害的细节，同时制定出分类决策的协议，并在面对持续性和人为灾害时采取具有成本效益的行动。来自世界各地的众多文化遗产保护者因佛罗伦萨洪水聚集在一起。他们很快就清楚地知道，文物保护和修复不是一种个人的活动，而是在专家指导下多数人完成的工作。文物保护和修复的知识不仅在艺术保护者之间，也在许多佛罗伦萨国家图书馆志愿服务的书籍保管员、技术人员中不断提升。

卡萨马西马在保存和修复图书馆数据方面开辟了新的方向，尽管已经过了很多年，他所熟知的如何保护书籍的措施仍在继续。事实上，从1970年开始，他先后在的里雅斯特和佛罗伦萨等历史悠久的大学中任教，他知道如何开拓保护书籍这个领域的新视野。

抢救古籍如抢救生命。每天世界各地的文物保护和修复者仍在埋头苦干，为了让他们修复的古籍在良好的存藏条件下延续生命。这也是"泥泞天使"的守书精神。

参考书目

第一章 战利品的殿堂：17 世纪的瑞典大学图书馆

1. [英] 尼尔·肯特著，吴英译:《瑞典史》，中国大百科全书出版社，
   2010 年。
2. Jacques Lacombe, *The History of Christina, Queen of Sweden*, Adamant
   Media Corporation, 2000.
3. *The Devil's Bible*, reprinted, 2001.
4. Buckley Veronica, *Christina Queen of Sweden: The Restless Life of a
   European Eccentric*, Harper Perennial, 2004.

第二章 伦敦图书馆的两场火灾纪事

1. Giles Mandelbrote & Barry Taylor, *Libraries within the Library: The Origins
   of the British Library's Printed Collections*, The British Library Publishing
   Division, 2009, ch3, pp. 44—46.
2. C. T. Hagberg Wright, *The London Library. A Sketch of its History and
   Administration*, London Library, 1926.
3. *The History and Description of the Famous Cathedral of St. Paul's London*,

London Thomas Boreman Printed, 1741.

4. Sir.William Dugdale, *The History of St. Paul's Cathedral in London, From Its Foundation: Extracted Out of Original Charters, Records, Leiger-Books and Other Manuscripts,* London Tho. Warren Printed, 1716.

5. Adrian Tinniswood, Samuel Pepys, John Evelyn, *The Great Fire of London: The Essential Guide,* Vintage Classics, 2016.

6. Alistair Black, *The Public Library in Britain, 1914-2000,* British Library, 2000.

7. W. Sparrow Simpson, *S.Paul's Cathedral Library: A Catalogue of Bibles, Rituals, and Rare Books; Works Relating to London and Especially to S. Paul's Cathedral, Including a Large Collection of Paul's Cross Sermons; Maps, Plans, and Views of London and of S.Paul's Cathedral,* London E. Stock, 1893.

8. Peter J. Larkham & Mark Clapson, *The Blitz and its Legacy: Wartime Destruction to Post-War Reconstruction,* Routledge, 2013.

9. Thomas Kelly, *History of public libraries in Great Britain, 1845-1975,* Library Association Publishing, 1977, pp. 222—234.

第三章　鲁汶大学图书馆的两次劫难

1. James W. P. Campbell, *The Library: A World History,* Thames & Hudson Ltd, 2013, ch2, pp.18—24.

2. Gerard van Thienen & John Goldfinch, *Incunabula Printed in the Low Countries: A Census,* Nieuwkoop, 1999, pp. 500—508.

3. Henry Guppy, "The Reconstruction of the Library of the University of Louvain", *The Bulletin of the John Rylands Library,* 1919.

4. Jozef IJsewijn & Jan Roegiers, *Charisterium H. De Vocht 1878-1978,* Leuven University Press, 1979.

5. Christiann Coppens, *De wieg van de boekdrukkunst te Leuven: Leuvense incunabelen in Leuvens bezit*, Leuven Universiteitsbibliotheek, 1998.

6. Pierre Delsaerdt, *Suam quisque bibliothecam: boekhandel en particulier boekenbezit aan de oude Leuvense Universiteit, 16de-18de eeuw*, Leuven Universiteitsbibliotheek, 2001.

7. An Smets & Katharina Smeyers, *Leuven University Library, Special Collections Catalogue*, 2016.

8. *A l'élite pensante du monde: appel des écrivains, des savants et des artistes*, Paris, 1919.

第四章 东方图书馆的炸毁：近代中国图书馆史上的浩劫

1. 吴永贵编:《民国时期出版史料汇编》，国家图书馆出版社，2013 年，第 12—20 页。

2. 华林甫、李诚、周磊:《德国普鲁士文化遗产图书馆藏晚清直隶山东县级舆图整理与研究》，齐鲁书社，2015 年，第 101—110 页。

3. ［日］川崎良孝:《上海の図书馆と社会：1840—1949 年》，日本图书馆协会，2013，第 26—28 页。

4. 汪耀华编:《商务印书馆史料选编（1897—1950）》，上海书店出版社，2017 年，第 24—25 页。

5. 董丽敏:《商务印书馆与中国文化的"现代"转型（1902—1932）》，商务印书馆，2017 年，第 65—76 页。

6. 赵俊迈:《典瑞流芳：民国大出版家夏瑞芳》，商务印书馆，2017 年，第 33—40 页。

7. 张元济:《涵芬楼烬余书录》,商务印书馆,1945年,第1—3页。

8. 张元济:《张元济书札》,商务印书馆,1981年,第4—14页。

9. 王绍曾:《近代出版家张元济》,商务印书馆,1995年,第35页。

10. 王云五:《王云五回忆录》,九州出版社,2012年,第16—28页。

11. 李政忠主编:《中国国家图书馆百年纪事(1909—2009)》,国家图书馆出版社,2009年,第120—124页。

第五章　西班牙内战中的文化人和图书

1.[美]阿曼达·维尔著,诸葛斐译:《西班牙内战:真相、疯狂与死亡》,中国友谊出版公司,2018年。

2.[阿根廷]皮耶尔保罗·巴维里著,刘波译:《希特勒的影子帝国:纳粹经济学与西班牙内战》,中信出版社,2018年。

3. Georg Ruppelt & Elisabeth Sladek, *Massimo Listri:Les plus belles bibliothèques du monde*, Taschen, 2018.

4. Mónica Olivares Leyva, *Graham Green's Narrative in Spain: Criticism, Translations and Censorship (1939-1975)*, Cambridge Scholars Publishing, 2015.

5. Jeremy Treglown, *Franco's Crypt: Spanish Culture and Memory Since 1936*, Farrar, Straus and Giroux, 2013.

6. A. Pilar Rubio López, *Vida De María Moliner*, Eila Editores, 2011.

7. Antonio Rodríguez-Moñino–María Brey, *Visión de España en los viajeros románticos ingleses*, J de J Editores, 2014.

第六章　焚书与轰炸:第二次世界大战时的德国图书馆

1.[美]威廉·L.夏伊勒著,张若涵译:《柏林日记》,新星出版社,

2007 年。

2. Geordie Williamson, *The Burning Library: Our Great Novelists Lost and Found*, Text Publishing, 2012.

3. W.Jütte, 'Volksbibliotheke im Nazionalsozialismus', *In Buch und Bibliothek*, 39, 1987, pp. 345—348.

4. T.Lorkovic, 'National Library in Sarajevo destroyed.Collections, Archives Go Up in Flames', *American Libraries*, 1992, 23(9), pp. 736—816.

5. T.Lorkovic, 'Destruction of Libraries in Croatia and Bosnia-Herzegovina', *International Leads*, 1993, 7(2), pp. 1—2.

6. T.Lorkovic, 'Wounded Libraries in Croatia. Book Review', *Libraries and Culture*, 30, 1995, pp. 205—206.

7. Jorge Luis Borges & Eliot Weinberger, 'The Total Library: Non-Fiction 1922-1986', *The Modern Language Review*, vol.96, 2001, pp. 564—565.

8. Dieter Schiller, *Der Traum von Hitlers Sturz: Studien zur deutschen Exilliteratur1933-1945*, Peter Lang GmbH Internationaler Verlag der Wissenschaften, 2010.

9. W. G. Sebald, *On the Natural History of Destruction*, Carl Hanser Verlag, 2001.

第七章 抵抗与生存：第二次世界大战时期的巴黎图书馆

1.［法］侯瑞·夏提叶著，谢柏晖译：《书籍的秩序——欧洲的读者、作者与图书馆（14-18 世纪）》，联经出版社，2012 年，第 8—14 页。

2.［英］马丁·里昂斯著，龚橙译：《书的历史——西方视野下文化载体的演化与变迁》，中央广播电视大学出版社，2017 年。

3.［美］马修·巴特尔斯著，赵雪倩译：《图书馆的故事》，商务印书馆，

2013 年。

4. ［美］威廉・L. 夏伊勒著，高紫文译:《1940 法国陷落：希特勒在巴黎》
（卷 3 ），左岸文化，2014 年。

5. Marcel Lajeunesse, '*Histoire des bibliothèques françaises*', Paris, 1992.

6. Hans van der Hoeven & Joan van Albada, *Lost Memory: Libraries and Archives Destroyed in the Twentieth Century,* www.unesco.org.

7. Robert K. Wittman & David Kinney, *The Devil's Diary: Alfred Rosenberg and the Stolen Secrets of the Third Reich*, Harper Paperbacks, 2017.

第八章　风雨飘摇的冯平山图书馆

1. 吴晞编:《北京大学图书馆九十年记略》，北京大学出版社，1992 年，第 30—35 页。

2. 冯美莲、尹耀全著:《庋藏远见冯平山》，商务印书馆（香港）有限公司，2013 年。

3. 何多源编:《馆藏善本图书题识》，岭南大学出版社，1937 年。

4. 陈君葆、谢荣滚主编:《陈君葆日记》，商务印书馆（香港）有限公司，1999 年。

5. 玛丽娜・弗拉斯卡 – 斯帕达、尼克・贾丁主编，苏贤贵等译:《历史上的书籍与科学》，上海科技教育出版社，2006 年。

6. Peter Cunich, *A History of The University of Hong Kong, 1911–1945*, vol.1, Hong Kong University Press, 2012.

7. Clifford Matthews & Oswald Cheung, *Dispersal and Renewal-Hong Kong University During the War Years*, Hong Kong University Press, 1998.

第九章 "泥泞天使"：拯救佛罗伦萨国家图书馆的灵魂人物

1.［英］克里斯托弗·希伯特著，冯璇译：《美第奇家族的兴衰》，社会科学文献出版社，2017年。

2. Paul Conway & Martha O'Hara, *Flood in Florence, 1966: A Fifty-Year Retrospective*, Michigan Publishing Services, 2018.

3. D. Lees, *Triumph from Tragedy/I giorni dell'alluvione: On the occasion of the 40th Anniversary of the Flood Which Struck Florence on November 4th 1966*, Edizioni Polistampa, 2006.

4. Sherelyn Ogden, *A Study of the Impact of the Florence Flood on the Development of Library Conservation in the United States, 1966-1976*, Chicago University, 1978.

5. Christopher W. Hibbert, *Florence: The Biography Of A City*, Penguin UK, 2004.

6. Robert Clark, *Dark Water: Art, Disaster, and Redemption in Florence*, Anchor, 2009.

7. Erasmo D'Angelis, *Angeli del fango, La 《meglio gioventù》 nella Firenze dell'alluvione a 50 anni di distanza. Nel novembre 1966 la solidarietà arrivò qui*, Giunti Editore, 2016.

8. Jacques Bosser, *The Most Beautiful Libraries in the World*, Harry N. Abrams, 2003.

后　记

1880 年，英国图书目录学家威廉·布拉德斯（William Blades）出版了《书籍的敌人》（*The Enemies of Books*）一书。他描述书籍的敌人包括火、水、热气、灰尘和无知的统治者。这些"敌人"是世界各地爱书人的噩梦，不能否认这些"敌人"在今天的威胁和过去一样强大。图书馆管理员们比以往任何时候都更加意识到，必须采取措施来保护我们的文化遗产。

"敌人"的多样性使我们难以检查或与之对抗，战争时期，纵火和破坏尤其如此。此外，"仇恨"一直驱使人们摧毁书籍。公元前 213 年，秦始皇颁布焚书的法令，是因为皇帝认为书籍让百姓批评朝政。文字一直被认为对人类思想有着巨大的影响力，许多统治者认为驱逐作者和摧毁书籍是有效的管治手段。

1992 年 8 月 25 日星期日，在整个晚上，塞尔维亚极端民族主义者将炮口瞄准了波斯尼亚和黑塞哥维那国家与大学图书馆，馆内藏有大量国家档案馆的图书和文献。大火焚烧了整栋建筑物，大约120万册图书和600套期刊被销毁，包括文件、图书馆卡片目录、缩微胶片室、稀有书籍和其他特殊馆藏。袭击持续约3小时，大火燃烧到第二天，烟雾遮住了太阳，厚厚的灰尘伴着烧毁的书，像一片片肮脏的黑色雪花飘下。抓住其中一页，你可以感受到它的热度，并且立刻读出一段黑色和灰色的文字碎片，直到页面融化成你手中的灰尘。

2018年作者在波斯尼亚和
黑塞哥维那国家与大学图书馆

1992年8月25日星期日，
历史将记住这一天

编制一份因战争、轰炸和火灾摧毁或严重破坏的所有图书馆和档案馆列表需要很长时间，无论这些破坏行为是故意的还是偶然的。亚历山大图书馆可能是最著名的例子，但历史上的君士坦丁堡、华沙、佛罗伦萨、萨拉热窝、圣彼得堡或最近的布加勒斯特，还有多少已知的和未知的宝藏消失了？可悲的是清单无法画上句号，更不用说还有更多在图书馆和档案馆意外或故意流失后所分散的馆藏。

战争，尤其是两次世界大战，造成了相当大的损失，许多图书馆和档案馆在战斗中被摧毁或严重受损，特别是在法国、德国、意大利和波兰。自 1991 年以来，战争也成为前南斯拉夫图书馆和档案馆遭受破坏的根源。波斯尼亚与黑塞哥维那国家与大学图书馆的炮击，引发的大火烧毁了大部分藏品。图书馆中的许多书，都是从第二次世界大战期间受损的图书馆藏书中抢救出来的。

写这本书并不是为了建立一座图书纪念碑，而是旨在提醒公众舆论，并让专业领域和各地政府认识到图书馆和档案馆的藏品具有不可估量的价值。我们迫切需要保护世界各地濒临毁灭的文献遗产，期望一套全面的文化保护政策，以及一线专业图书馆馆员和档案管理员的努力，预防图书馆和档案馆藏品免于灾难。然而即使在 21 世纪，世界图书馆和档案馆中的文献遗产仍然处于危险之中。让我们重新致力于通过灾害规划，追求世界和平来保护"世界记忆"。

图书在版编目（CIP）数据

消失的图书馆 / 叶锦鸿著 .—杭州：浙江大学出
版社，2021.10
（守书人）
ISBN 978-7-308-21439-1

I.①消… Ⅱ.①叶… Ⅲ.①随笔—作品集—中国—当代
Ⅳ.① I267.1

中国版本图书馆 CIP 数据核字（2021）第 106231 号

消失的图书馆

叶锦鸿　著

责任编辑	周红聪
文字编辑	苑　琛
责任校对	闻晓虹
装帧设计	周伟伟
出版发行	浙江大学出版社
	（杭州天目山路148号　邮政编码310007）
	（网址：http:// www.zjupress.com）
排　　版	北京楠竹文化发展有限公司
印　　刷	北京中科印刷有限公司
开　　本	880mm×1230mm　1/32
印　　张	6.5
字　　数	105千
版 印 次	2021年10月第 1 版 2021年10月第1次印刷
书　　号	ISBN 978-7-308-21439-1
定　　价	59.00元